増補改訂版

運が良くなる！

# 間取りとインテリアの HAPPY 風水

開運セラピスト
紫月香帆

# はじめに

運はやってくるものではなく、自分自身でつかむもの。
本書では風水でできる部屋ごとの運気アップの方法や、よい間取りを紹介することで、
みなさんが欲しい運をつかむ提案をしていきます。

人はそれぞれの状況によって、願いごとが異なります。
あなたが今一番必要としていることはなんですか？
「お金が欲しい！　いい恋がしたい！　キレイになりたい！」などと
あれこれ欲張ってしまっては、本当に欲しい運気はつかめません。
その時にもっとも欲しい運気を定めて、ひとつずつ

状況に合った開運風水を、取り入れていきましょう。
風水を生活にスムーズに取り入れるコツは、
それ自体を楽しみ、快適だと感じること。
風水はサプリメントのようなもので、
1日や3日では、その効果がわかりにくいかもしれません。
効果のあらわれ方は人それぞれ。
あなたの生活のなかに開運行動が習慣になったころ、
気がついたらふと、今までよりもハッピーな
自分になっているはずです。

さぁさっそく今日から、あなたの欲しい幸運をつかみとる
風水生活をスタートさせましょう！

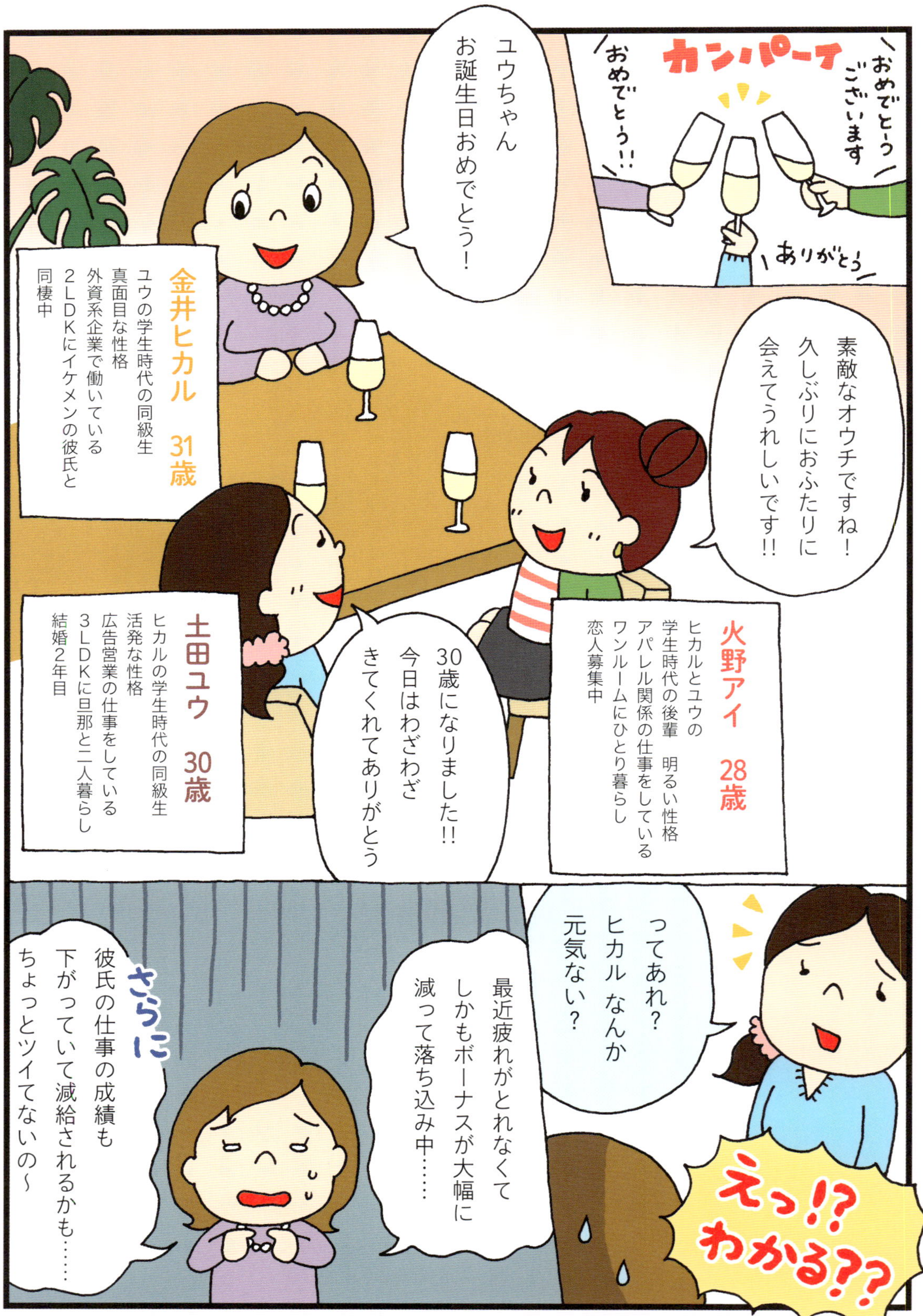

カンパーイ
おめでとーうございます
おめでとーう!!
ありがとう
ユウちゃん お誕生日おめでとう！
金井ヒカル 31歳
ユウの学生時代の同級生
真面目な性格
外資系企業で働いている
2LDKにイケメンの彼氏と
同棲中
素敵なオウチですね！ 久しぶりにおふたりに会えてうれしいです!!
火野アイ 28歳
ヒカルとユウの
学生時代の後輩　明るい性格
アパレル関係の仕事をしている
ワンルームにひとり暮らし
恋人募集中
30歳になりました!! 今日はわざわざきてくれてありがとう
土田ユウ 30歳
ヒカルの学生時代の同級生
活発な性格
広告営業の仕事をしている
3LDKに旦那と二人暮らし
結婚2年目
ってあれ？ ヒカル なんか 元気ない？
えっ!? わかる??
最近疲れがとれなくて しかもボーナスが大幅に 減って落ち込み中……
さらに
彼氏の仕事の成績も 下がっていて減給されるかも…… ちょっとツイてないの〜

えー　なんだか心配 おはらいとか行ったほうが いいんじゃない？
そうそう
運気上げたい ですよねー
ありがとう 大丈夫！
実は もう 手はうって あるの
来月 引っ越します！
引っ越しすると 疲れがとれるの？ ゆっくり休んだほうが よさそうだけど
家が変わると 金運アップするんですか？ むしろ引っ越しで お金が かかりそうな……
フフフ…
実は最近「風水」を 勉強していてね 運気の上がるお部屋に 引っ越そうと 思っているの
風水ってね おまじないだと 思っている人も多いけど 環境学なんだって
もともとは 古代中国の 学問からきていて
よい気を上手に 取り入れることで いろいろな運気を アップできるんだって
北
東北
東
東南
南
南西
西
北西
中央
鬼門
裏鬼門
木
火
土
金
水
へぇ～方位の力って いうのがあるんだね
もしや!! 恋愛運アップの 方位もあります？ いい出会いほしい！
ゴソゴソ

ジャジャーン!!
ぼくは風水犬のラッキー!!
ぴょ～ん
我慢しきれず出てきちゃった
テヘ♡
え!!犬!?
あっ!! ラッキー!
風水の先生から預かっているワンちゃんなの
風水をきちんと理解して暮らしに活かせるようになるまで一緒にいてくれるんだって
なんで犬がしゃべっているのかって? そんな細かいことは気にしないで～
えっへん
ぼく物知りだから何でも聞いてね! みんなの運気をアップしちゃうよ!
すごいかわいい!! モフモフしたい～♡
ところでラッキー相談していたオウチって見つかった??
うん、ヒカルにぴったりのオウチがあったよ!
かわいい～

# 金運がアップする間取り

詳しくは
P128を見てね!

**2LDK**

### 北の洋室

快眠できる北は寝室におすすめ。体が健康になれば、仕事もはかどり金運にも相乗効果。

### 東北の洋室

跡継ぎが使うと吉。きれいにしておけば、相続に関する金銭トラブルに悩まされることもないでしょう。

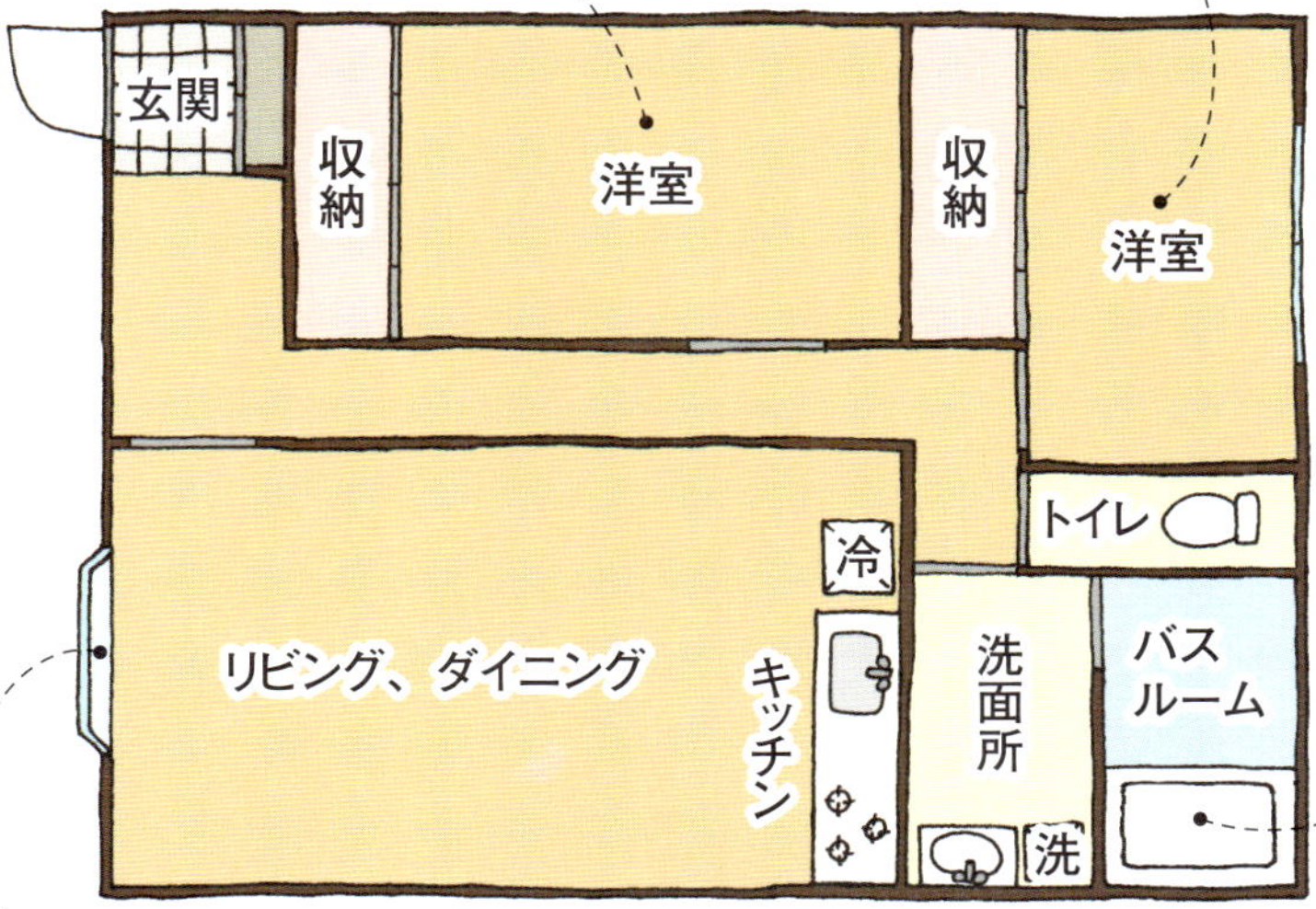
玄関
収納
洋室
収納
洋室
トイレ
冷
リビング、ダイニング
キッチン
洗面所
バスルーム
洗

### 東南のバスルーム

東南のバスルームは大吉。ジャスミンやキンモクセイの香りの入浴剤でさらに金運アップも。

北
鬼門
(東北)
西
東
裏鬼門
(南西)
南

### 西の窓

西の窓は金運を呼び込みます。窓は常にピカピカに。

金運は西から入ってくるよ 西に窓がある部屋がおすすめ
それに北に寝室があると快眠できるから健康運もアップできるよ
金運がアップするインテリアもあるよ
ひまわりを飾ったり（絵でもＯＫ）馬蹄の置物を置いたりしても金運アップにつながるよ！

メラメラ
ありがとうっ!!
これで金運アップだわ!
ボーナス分を取り戻さなきゃ
うん! きっといい運気を
運んできてくれるはずだよ
ただし いくら
西のパワーを借りても
汚いお部屋じゃ
運気は上がらないよ
お掃除をしっかりして
快適なお部屋にすることが
風水ではとっても大切な
ことなんだ
OK!!
お掃除も
がんばる!
あのーパーティーの続きは?
ねぇラッキー
私 いい出会いがほしくて
恋愛運がアップする
間取りっていう
のもあるの?
ユウさんはステキな旦那さんがいるし…、
ヒカルさんもカッコイイ彼氏がいるし…
恋愛運アップには
ローズの香りが
いいって聞いて
試しているけど……
アイさん正解っ!!
ローズの香りは
モテ度のアップに
つながるよ
それにグレープフルーツ
などの柑橘系の香りも
初対面の出会いで
好印象を与える香りなんだ
そのほかには…
バスタイムに
フルーツモチーフのグッズ
ピンクのバスタオル
を使うといいよ
ゴソゴソ
アイさんに
ぴったりな
間取りも
あるよ……

## 恋愛運がアップする間取り

詳しくは
P114を見てね!

### ワンルーム

**〇北の収納スペース**

北はフェロモンアップの気をもち、とくに下着を収納するスペースとして最適。

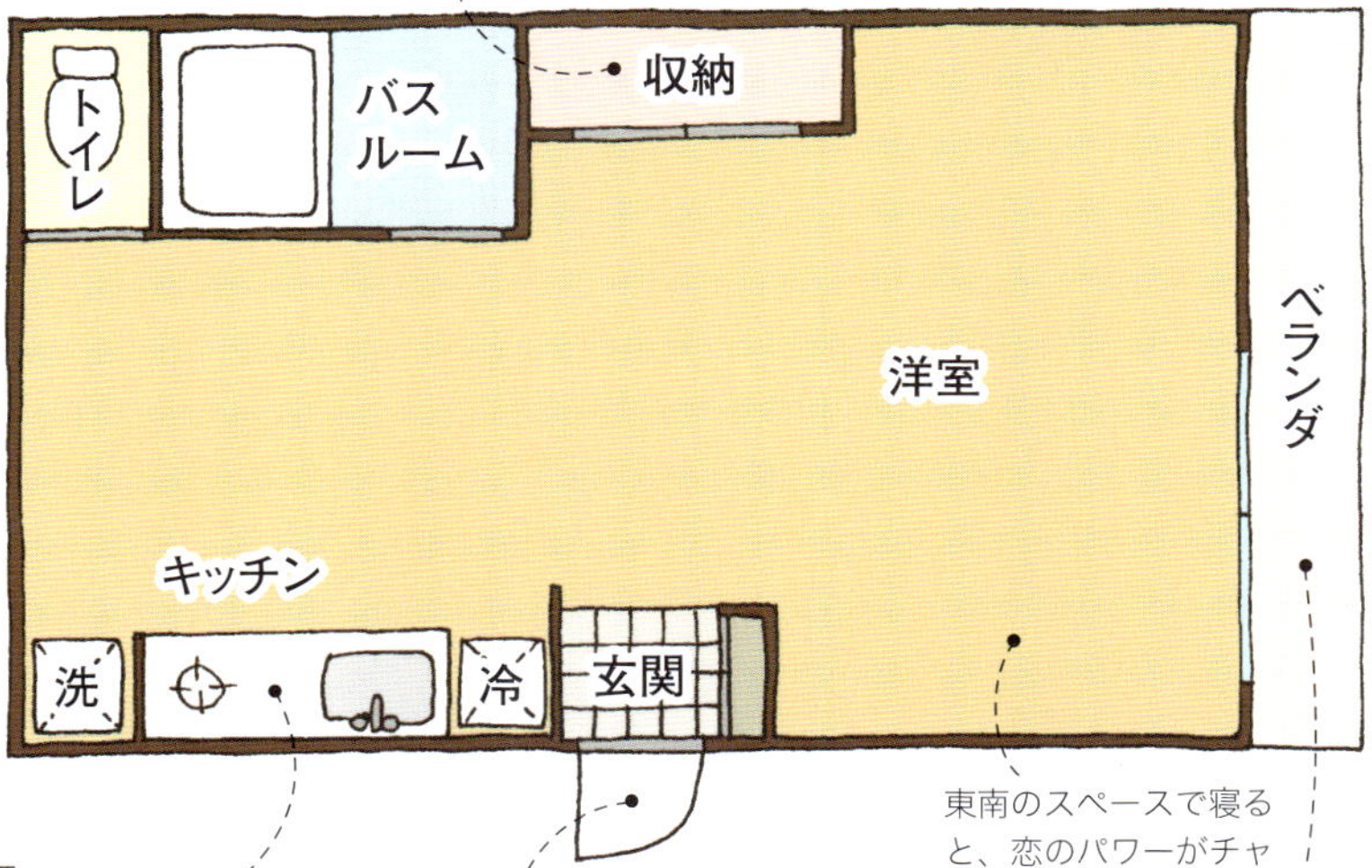
トイレ
バスルーム
収納
洋室
ベランダ
キッチン
洗
冷
玄関

東南のスペースで寝ると、恋のパワーがチャージされます。

**南西のキッチン**

裏鬼門のキッチンは、こまめな掃除と換気を心がけましょう。

**〇南の玄関**

南の自分のよさを引き立てる運気が入ってきます。

**〇東南の窓**

結婚運を招く東南の窓は、こまめに開けてよい気を取り入れましょう。

北
鬼門
(東北)
西
東
裏鬼門
(南西)
南

恋愛運は東南から入ってくるよ
玄関とバスルームを清潔にすると良縁に恵まれるんだ
わぉ!!
今住んでいる家の間取りとちょっと似てるかも♥
玄関とバスルームをピカピカにしなきゃ

風水って考えたこと なかったけど 私もちょっと興味湧いて きちゃった!
どうぞー
おいしそう♥
うちの旦那の仕事運も アップさせたいなー でも すぐに引っ越しは できないし……
もちろん 今の家の運気を 上げることも できるよ! 仕事運アップには 東と南西と南の 運気が大切だよ
それに ベッド カバーを 青にしたり
ソファーを 茶色にしたり するのも 仕事運の アップに つながるよ♪
色のもっているパワーを 活用したりすることも できるんだね
へぇ〜
風水って すごいんですね!!
ユウのオウチは 南に窓が あるから
1対の植物を おくといいん じゃない?
ヒカルさん 正解っ!!
ユウさんちに ピッタリな 間取りがあったから 紹介するよ

# 仕事運がアップする間取り

詳しくは
P135を見てね!

**3LDK**

### ○北西の和室
北西は主人の方位。主人の寝室や書斎におすすめ。運気がアップ。主人の仕事道具も北西に置くとよいでしょう。

### ○北の洋室
寝室として使うと吉。落ち着いた睡眠がとれてしっかり休めるので、仕事の能率もアップ。

仕事運を招く東に窓がない場合は、風景画を飾って運気アップを。赤い花を飾るのもおすすめ。

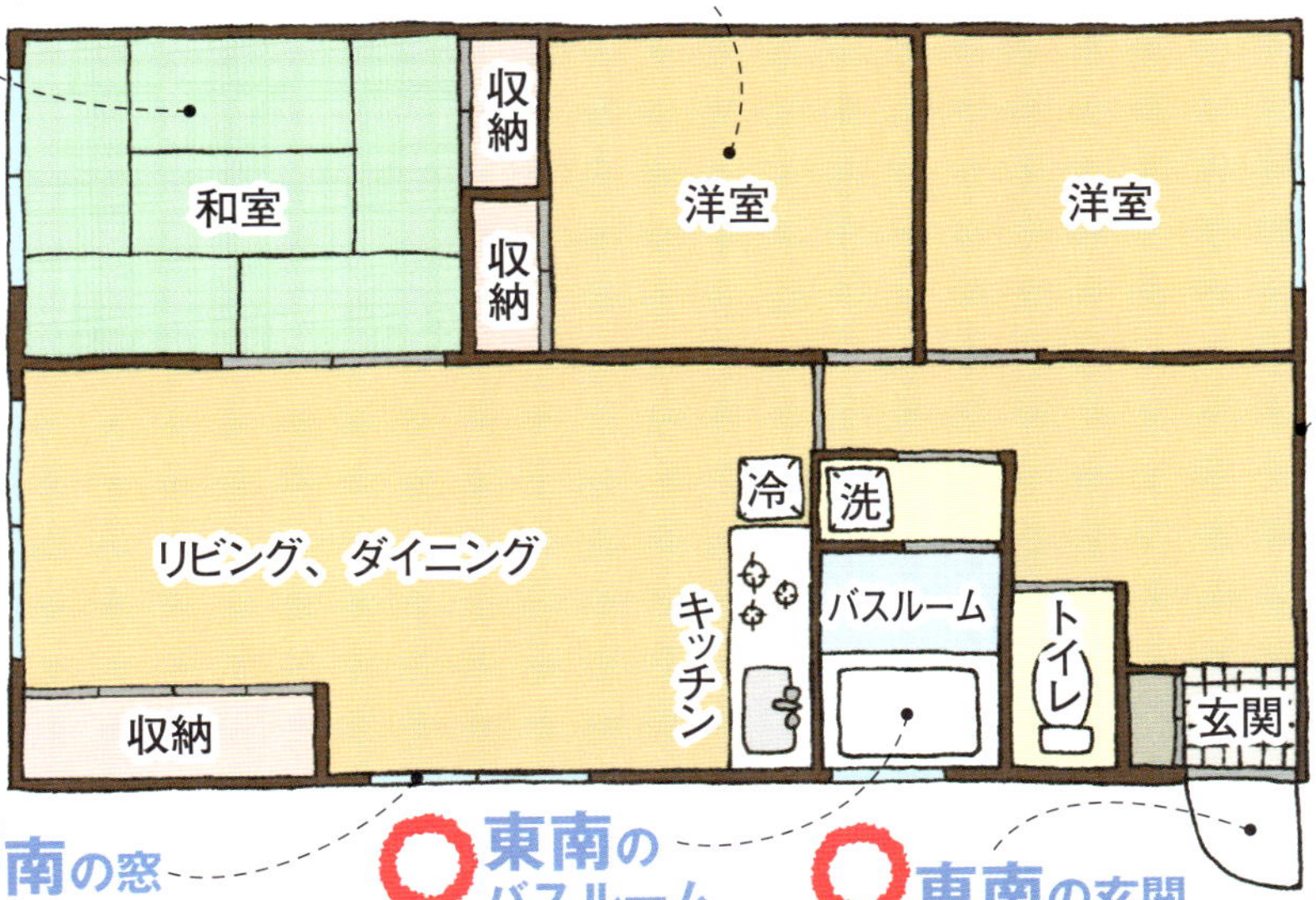
収納
収納
和室
洋室
洋室
冷
洗
リビング、ダイニング
キッチン
バスルーム
トイレ
収納
玄関

### ○南の窓
南の窓からは、直感力やひらめきがさえる気が入ってきます。企画力がアップ。

### ○東南のバスルーム
東南のバスルームは人望を集め、職場での信頼度がアップします。

### ○東南の玄関
人間関係をアップさせる気を引き寄せるので、人と接する職業の人に吉。

北
鬼門
（東北）
西
東
裏鬼門
（南西）
南

そっかー こんな間取りのお部屋を 選ぶといいんだね
うん!!
でも いい間取りの お部屋を選ぶことだけが 風水じゃないよ
今住んでいるところの 運気をアップする方法も たくさんあるんだよ

ねぇラッキー
私のオウチを
見てもらえたりする?
もちろん!
まかせておいて
ちょっとした
ことでも運気は
アップできるよ!
玄関
鏡を飾るといいよ!
ハイ!これあげる!!
使ってない靴は
しまってね!
たたきにおく靴は
住人の人数までに
するのがベストだよ
リビング
お部屋の隅に
観葉植物を置いてね
これを置いて
みるのはどう?
リビングの窓が
すこし汚れているね
ピカピカにすると
運気が上がるよ
キッチン
うわー
お鍋が
焦げているよ
じつは
さっき失敗
しちゃって…
長く置いておくと
金運がダウンしちゃうよ
気をつけて!
トイレ
うーん…
お掃除グッズが
出ているね
見えないように
収納すると
いいよ
バスルーム
リンス
シャンプー
床の上に
シャンプーなどを
そのまま置くと
よくないから
ラックの上に
置いてね
洗面台
鏡はピカピカに
磨いてね!
歯ブラシは
陶器の容器に
入れると
いいよ
パパッと
片づけると○!

寝室
厚手のカーテンがいいね！
ベッドは入り口から枕が見えない位置に配置してね
これをもうちょっとこっちに……
収納
木製の家具がいいよ！
これはとってもいいね！
ぎゅうぎゅうに荷物を入れるのはやめてね！
あれ
なんだかちょっと
空気がかわった
気がしますね!!
でしょ!!
ただいまー
あっ！ どうもこんにちは
あれ？
なんかいつもと違う部屋がキレイになった？気持ちがいいなぁ
こんにちはー
やったぁ！

半年後……
久しぶりー元気だった？
元気だったよ～
キラ
キラ
あれ？
なんか調子
よさそうだね
ヒカル！
フフフ♪
わかる？
引っ越しして
金運アップの風水を
実践したら
すごく好調なの
ボーナス
2倍
になっちゃった！
彼氏の仕事の
成績も上がって
臨時収入が
入ったみたい♪
前から欲しかった
バッグ買って
もらっちゃった♥

遅れてすみません〜!!
よかったネ!
うん♪
あっ!!彼氏のコウタです♥
ども
ラブ
ラブ
あっ!!
噂のコウタくん!!
思い切って引っ越しして恋愛運アップの風水を実践したら帰り道に寄ったバーで偶然コウタに出会ったんです
ラッキーが紹介してくれたお部屋のパワーがすごかったのかな
感謝
いいじゃーん!!
では行きますか

ようこそ土田家へ!!
すごーい!!
私たちもね　ラッキーが教えてくれた
風水の運気アップのコツを
実践していたの
ぜーんぶピカピカに!!
玄関も
バスルームも
キッチンも
窓も

そしたら なんだか うれしいことが 続いて……
部長になりました!
それで 思い切って 家を買おうって 話になってね
玄関
ステキなおうち!!
リビング
それでねー
うんうん
私もねー
あれ! もうこんな時間!?
ほんとだ!!
居心地がよすぎて長居しちゃいましたね~
また来てー!
風水でみんながハッピーになってうれしいな~♪
みんなもぜひ試してみてね!

# Contents もくじ

# 3章

## 幸せになるインテリア

Contents

# もくじ

## 4章

## 幸せになる間取り21

## 5章



### 幸せになる家づくり



### ラッキー風水コラム

カバーデザイン　細山田デザイン事務所
本文デザイン　川崎優子
イラスト　のびこ
撮影　林均
編集協力　株式会社スリーシーズン（奈田和子・藤門杏子・吉原朋江）・山本敦子

# 開運ポストカードの使い方

運気アップにとくに効果があるとされるアイテムをポストカードにしました。
157～160ページにあるので、はさみで切り取って使ってください。
写真でも、じゅうぶんに効果があるので、ぜひ今日から活用してください。

## 1 自宅やオフィスに飾る

お気に入りのフレームに入れたり、コルクボードにピン止めしたりしてもOK。自宅やオフィスに飾りましょう。「**スイートピーやガーベラ**」は、南西の方角や枕元に飾るのがおすすめ。「**馬蹄**」は、玄関に飾ると金運がアップ、「**富士山と太陽（朝日）**」は窓がない部屋に飾るとよいでしょう。「**水晶のクラスター**」は、場所を問いません。

## 3 ポストカードとして送る

もちろん、ポストカードとして使うのもOK。友人、恋人、離れて暮らす家族に、ポストカードを送ってみるのもよいでしょう。メッセージと一緒に、運気アップに効果のあるモチーフだということをぜひ教えてあげましょう。送り先の大切な人にも、きっとHAPPYを運んでくれるはずです。

## 2 手帳などに入れて持ち歩く

手帳など、いつでも見られるところに入れて持ち歩きましょう。「**スイートピーやガーベラ**」は、恋愛運アップに効果的。「**水晶のクラスター**」は、あらゆる邪気を払ってくれるアイテム、「**馬蹄**」はあらゆる運気を上げてくれるアイテムです。「**富士山と太陽（朝日）の写真**」は、金運アップに効果的です。

## ポストカードは全部で4種類

恋愛運アップ!

「**スイートピーやガーベラ**」は、よい出会いを呼び込みます

金運アップ!

「**富士山と太陽（朝日）の写真**」は、嬉しい収入を呼び込みます

全体運アップ!

「**水晶のクラスター**」は、邪気を払って運気を上げてくれます

全体運アップ!

「**馬蹄**」は、U字型の部分に幸運を集めてとどまらせます

# 1章

# 風水の基本

風水は、誰にでも簡単に取り入れられるもの。
風水の考え方の基本をおさえて、
上手に楽しく風水生活を始めましょう。

# 知っておきたい
# 風水の基本

**風水は中国古来の、自然のエネルギーを活用した幸せになるテクニック。家の新築や購入、リフォームのときに応用して、家族の幸せやお金の運など、いろいろなラッキーを手に入れましょう。まずは風水の基本をおさえて。**

## 風水はおまじないではなく環境学

風水と聞くと、「西に黄色の何かを置けばお金がたまる」というような、願いごとをかなえてくれるおまじないのようなものと勘違いしている人が多いかもしれません。でも、風水は根拠のないおまじないではありません。

風水とは、古代中国の学問のひとつです。人を取り巻く自然界の水や木、土などがもつパワーのバランスや関係性を考え、「気」と呼ばれるエネルギーの流れをコントロールして、よい環境をつくろうとする考え方です。つまり風水は、人間の生活を取り巻く環境を考える環境学なのです。

古代中国の権力者や王たちは、土地を守り、戦いに勝利するなど、国を治めるために風水を使いました。また人々は、住宅やお墓などの位置を決定するために風水を用いました。たとえば、中国の故宮も風水を取り入れて建てられています。大切な建物を風水に基づいて建てたことからも、風水がいかに根拠のある学問で、人々に信頼されていたかがわかるでしょう。

その後、風水は日本にも伝わりました。江戸城が風水に基づいて建てられたことは有名です。その結果、江戸時代の将軍家によい運気を呼び込んだともいわれています。

## 風水は時代に合わせてアレンジを

風水の思想は、中国から日本に渡って国境を越えただけでなく、時代を超えて受け継がれ、今の私たちにも伝えられています。

ただ、時代によって生活スタイルは変わるもの。風水もずっと同じ方法では、時代にそぐわなくなってしまいます。そのため、風水も時代に合わせて少しずつ形を変えながら、伝えられてきたのです。

私たちも、今の生活スタイルに合うように、風水の優れた力をアレンジして活用していくことが大切です。この本で紹介する、今の生活スタイルに合った風水の取り入れ方で、あなたを取り巻く環境をよりよいものにして、幸せな暮らしを手に入れましょう。

## 「気」は身のまわりにあるさまざまなエネルギー

風水では、私たちのまわりにあるさまざまな自然のエネルギーのことを「気」と呼びます。その「気」を「よい気」と「悪い気」に分けて考えます。そして、どちらの「気」が流れているかを知り、どうやったら「よい気」を呼び込み、「悪い気」を取り除くことができるかということを考えるのが風水です。

そして、「よい気」は家の中にとどめ、「悪い気」は家の外に出ていくように工夫していくことで、よい環境づくりをして、そこに暮らす人々が幸せになるようにするということが、風水の目的といえるでしょう。そのためには、まず「よい気」の流れをつくることが大切です。

たとえば、家の中に「よい気」の流れをつくるには、家具の配置を考えたり、カーテンなどのインテリアの色を替えたりするというような工夫が必要になります。また、部屋の出入り口や窓の位置や大きさなどに注意することも、「気」の出入りに関係してきます。さらに、玄関をどこにするか、水まわりをどう配置するかなどの間取りも「気」の流れに大きな影響を与えます。

風水に基づいた「よい気」の流れをつくる家づくりが、まずは大切なポイントです。

## 風水を生活に取り入れて習慣に

幸せを呼び込むには、生活に風水を取り込むことが、さらに重要です。

たとえば、風水にかなった間取りで、「よい気」の流れができていても、掃除をしないでホコリはたまりっぱなし、換気もせずじめじめでは、「よい気」も「悪い気」に変わってしまうのです。掃除をこまめにすること、しっかり換気をすることなどの、風水的な生活を心がけることが何よりも大切なのです。

ただ、風水的な生活を送れば、すぐに幸せになれるかというと、そうではありません。風水は特効薬ではなくサプリメント。すぐに効くのではなく、じわじわと効いてくるのです。掃除をすることが習慣になって、なんだか掃除しないと気がすまないと思うようになれば、効いてきた証拠。そのころには、自然と幸せが感じられるようになるでしょう。

# 風水のベース 陰陽五行説

**風水の考え方は、古代中国の「陰陽説」と「五行説」を合わせた、「陰陽五行説」がベースになっています。それぞれの説がどんなものかを知って、風水の基本をとらえておきましょう。**

## 陰陽説とは

「陰陽説」とは、物事には「陰」と「陽」の二つの側面があり、この対立する二つのエネルギーのバランスがとれているのがよいという考え方のことです。

たとえば、受動的な性質をもつ「地」「女」「夜」は「陰」に、能動的な性質をもつ「天」「男」「昼」は「陽」に分けられます。そしてそれぞれ、「天」だけがあって「地」がなければ、植物などの生命を育むことができず、「男」だけで「女」が存在しなければ、子孫は残せない。そして一日は、「昼」と「夜」があって成り立っているという関係になっています。

つまり大切なことは、どちらがよい悪いではなく、両方が存在しなければ、自然界は成り立たないということ。「陰」が悪いものとは限らないのです。

ちょっと動き過ぎて体の調子が悪くなったら、静かにして休んでみるなど、自分が「陽」に偏っていると思ったら、「陰」の要素を取り入れて、ライフスタイルのバランスをとっていくことが大切です。

**太極図**

風水でよく登場する図で、陰陽の変化を示したもの。黒い部分が「陰」を、白い部分が「陽」を表し、この太極図が陰陽のバランスがとれている状態とされています。

| 陽 | 陰 |
|---|---|
| 男 | 女 |
| 昼 | 夜 |
| 天 | 地 |
| 明 | 暗 |
| 動 | 静 |
| 太陽 | 月 |
| 喜 | 悲 |
| 熱 | 冷 |

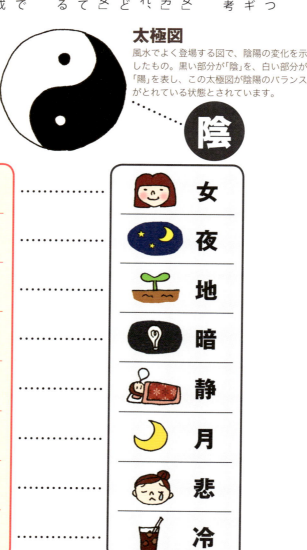

# 五行説とは

「五行説」とは、あらゆるものは「木《もっ》」「火《か》」「土《ど》」「金《ごん》」「水《すい》」の五つの要素に分けられるという考え方のことです。すべてのものが、この五つのうちのどれかに分類され、「陰陽説」の「陰」と「陽」と同じように、それぞれに関係があると考えられています。その関係は、「相剋《そうこく》」と「相生《そうしょう》」で表されます。

「相剋」とは、一方がもう一方の力を奪って衰退させてしまう関係です。それとは逆に「相生」とは、一方がもう一方を育てて繁栄させる関係をいいます。たとえば、「木」は「火」が燃えるための燃料になるため相性がよく、「相生」の関係ということになります。また「水」は「火」を消すので相性が悪く、「相剋」の関係となります。

風水では、「相剋」と「相生」の関係を知って活用することが大切です。たとえばキッチン。キッチンには「火（コンロ）」と「水（シンク）」が必ずありますが、この二つの関係は「相剋」で、キッチンの気を乱しています。そこで、「火」と「水」のどちらとも相性のよい「相生」の関係の「木（観葉植物）」を置きます。観葉植物を置くことで、「火」と「水」を仲裁し、気の乱れをおさえてくれるのです。五行の関係を知って生活に取り入れることで、家庭によい運気をもたらすことができます。

## 五行が表す意味

### 木

樹木が育つことから、万物の成長や自由であることを意味します。

**キーワード**
樹木・森・木製品・紙・伸びていくもの・細長いものなど

### 火

火や炎、光のイメージから、燃え盛ることや物事が旺盛なことを意味します。

**キーワード**
火・炎・燃えるもの・三角形のもの・プラスチック製品・ビニール製品など

### 土

土や大地のイメージから、万物を育てることと万物を腐敗させることを意味します。

**キーワード**
大地・平原・土でできたもの・陶器・平らなものなど

### 金

金属や鉱物のイメージから、実を結ぶことや確実であることを意味します。

**キーワード**
金属・貴金属・宝石・金色のもの・金属製品・高級感のあるものなど

### 水

水や液体のイメージから、流れることや変化することを意味します。

**キーワード**
水・液体・流れるもの・形のないもの・波状のものなど

## 相生《そうしょう》・相剋《そうこく》の関係

**相生**　よい影響を与え合い、お互いに発展していく関係。水と木、木と火、火と土、土と金、金と水の5種類の関係が「相生」です。この組み合わせのものを取り入れることで運気がよくなります。

**相剋**　反発し合い、お互いによいところを打ち消し合ってしまう関係。火と水、水と土、土と木、木と金、金と火の5種類の関係が「相剋」です。この組み合わせのものを使うと運気が下がってしまいます。

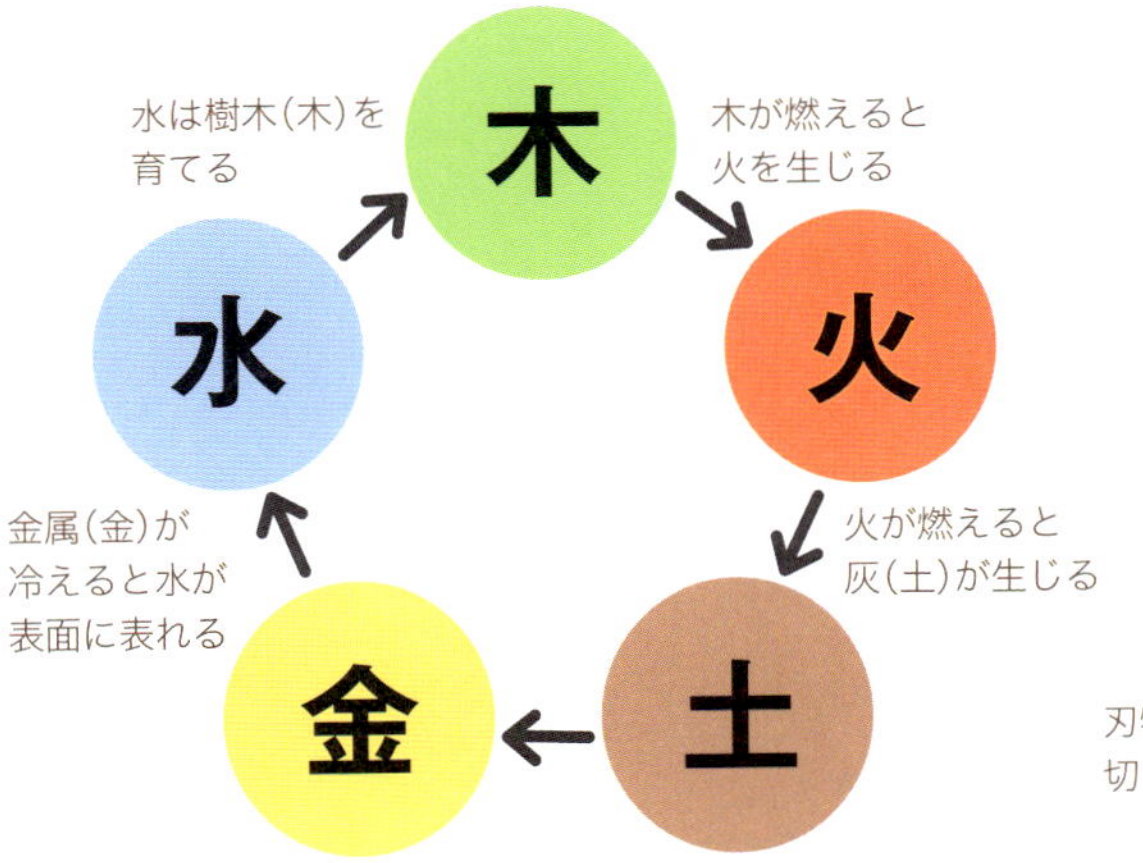


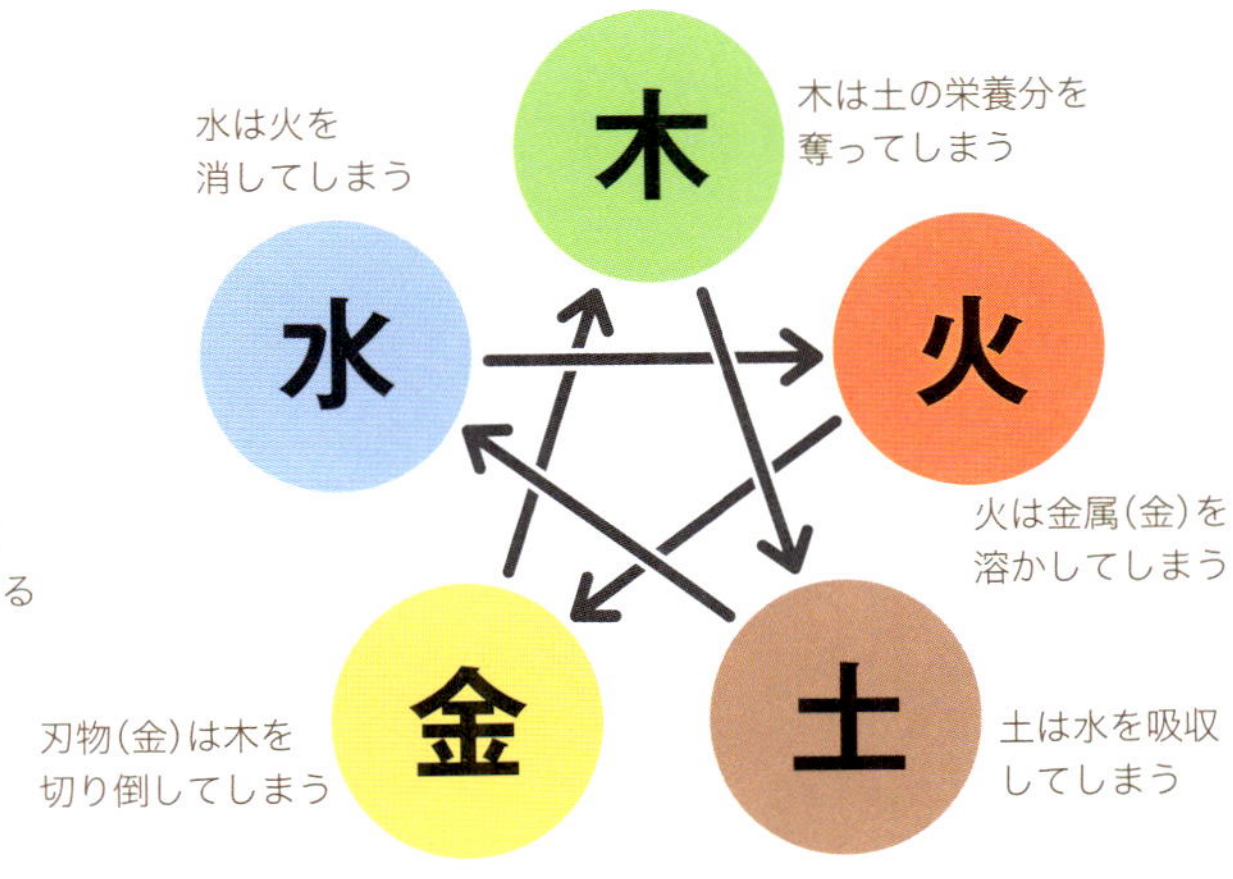

# 家の方位を確かめよう

風水では、家の中心と方位を知ることが大切です。まずは基本となる家の中心を調べます。そこから北を求め、方位を割り出していきましょう。幸運を運んでくれる部屋の配置や、家具の位置などを考える基本になります。

### 用意するもの

**・平面図**

家の間取り図や平面図を用意します。方眼紙を使って自作してもよいでしょう。

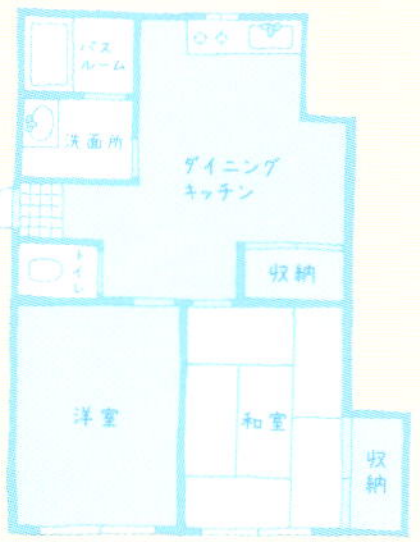


**・方位磁石**

家の北を調べるときに使います。

**・分度器**

方位を正しく測るために使います。

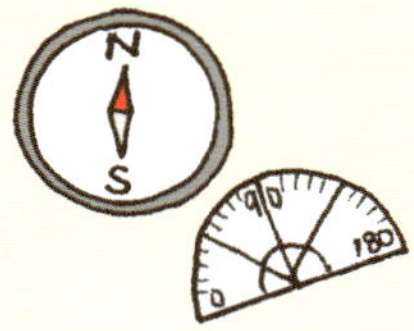


## 1 家の中心を決める

風水では、方位を知る基点として家の中心を知ることが重要です。中心の求め方は、家の形によって異なります。まず家の間取り図を用意しましょう。家が四角の場合には、対角線を引いて交わるところが中心です。

　はりやかけがある家は、その割合が全体の3分の1以下ならはりやかけを除いて対角線を引き、交わるところが中心。はりやかけが3分の1以上なら下図のように平均して対角線を引き、交わるところを中心とします。

　平面図を厚紙に貼って、ボールペンなどのとがったものの上にのせバランスをとり、水平になる位置を中心とする方法もあります。

### 四角い家の中心の求め方

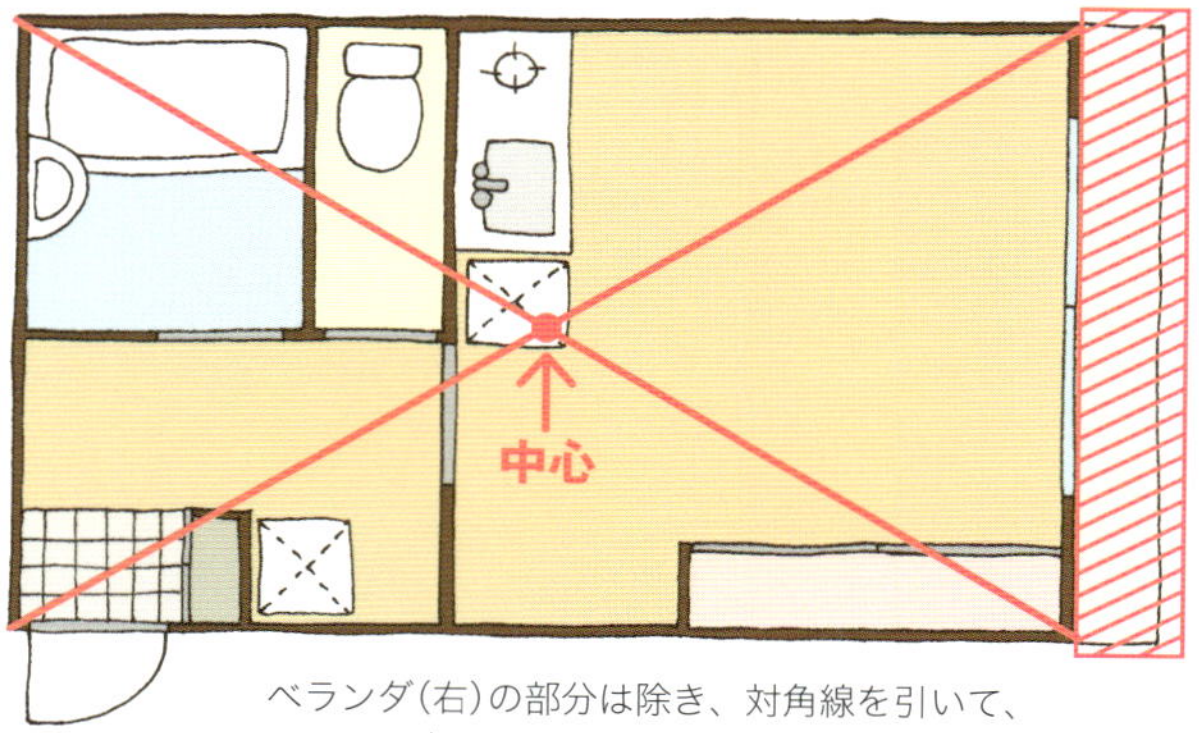


ベランダ(右)の部分は除き、対角線を引いて、交わったところが中心です。

### はり・かけを平均した中心の求め方

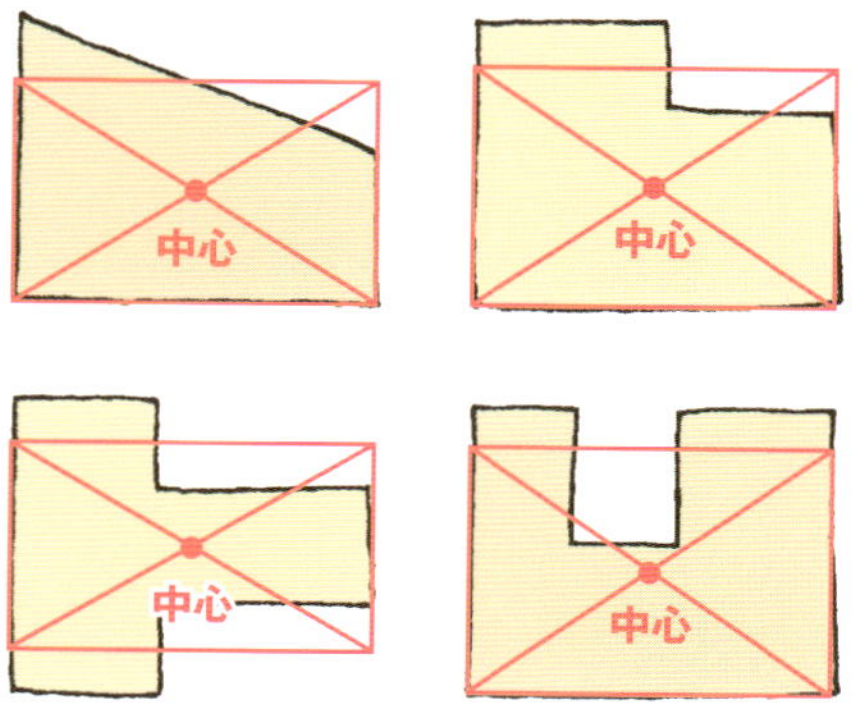


はりやかけが一辺の３分の１以上の場合には、はりやかけの面積を平均して、四角い形を書きます。そこに対角線を引き、中心を求めます。

### ※はり・かけを除いた中心の求め方

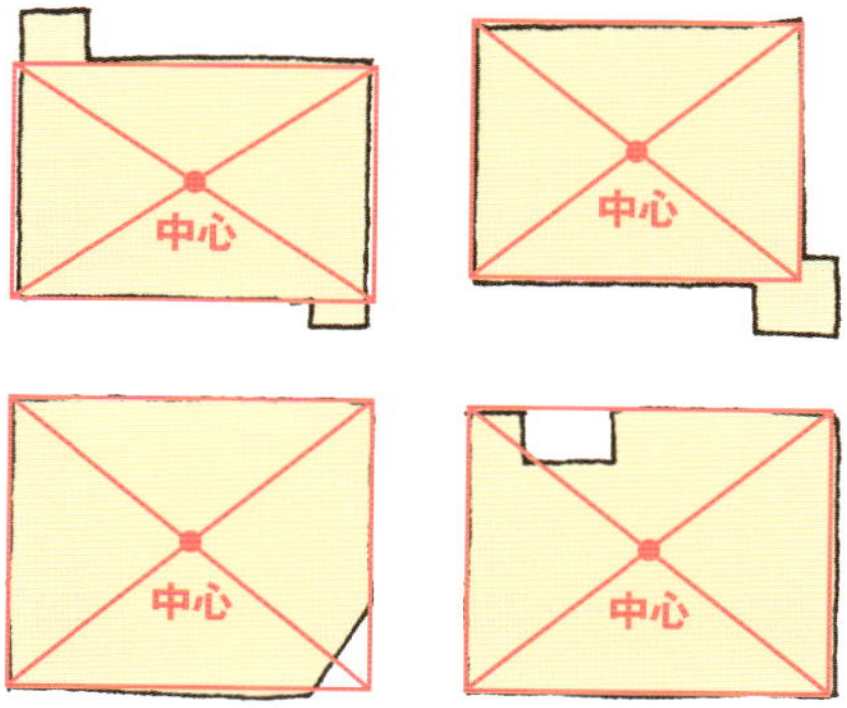


はりやかけが一辺の３分の１以下の場合には、はりやかけを除いて四角い形を書きます。そこに対角線を引き、中心を求めます。

※はり、かけについて、くわしくは108ページで解説しています。

## 2 北を確かめる

風水の基本、方位を知るために、まずは北の方角を確かめましょう。

間取り図を実際の家の方向と合わせて置き、①で求めた家の中心に方位磁石をのせて、北の方角を調べます。磁石が狂わないように、電化製品の電源を切って、30分以上経ってから調べるとよいでしょう。

ここで注意したいのは、建築用の間取り図に書き込まれた方位マークの示す北と、方位磁石の指す北がずれていることです。風水で用いる北は、方位磁石が指す北ですので、建築用の間取り図の示す北は用いません。

どちらも北にはちがいないのですが、用いている基準がちがいます。建築用の間取り図では、子午線を基準にした地図上の北が採用されていて、これを「真北」といいます。

それに対して、風水で用いる方位磁石の指す北は「磁北」といいます。この二つの北には誤差があり、日本の磁北は真北よりも西に少しずれています。また、その角度は、日本各地で3・5度～10・5度とちがっています。

風水では正確な方位を知ることが重要です。建築用の間取り図に書かれた方位は用いず、方位磁石を使って確かめましょう。

## 3 9方位を確かめる

風水と同じように、「陰陽五行説」を元にした方位鑑定の場合は、360度を、北、東、南、西の4方位は30度に、東北、東南、南西、北西の4方位は60度に分けます。一方風水では下の図のように、45度ずつ均等に8方位に分けます。

北がわかったら、方位を確かめます。風水では、北、東、南、西、東北、東南、南西、北西の8方位に中央を加えた「9方位」を用います。方位磁石で確かめた北の方位を基点に、分度器で45度ずつ均等に測り、平面図に線を書き込んでいきましょう。

一つの部屋が複数の方位にまたがることがほとんどですが、その場合は、またがっている面積が広いほうの方位の影響が強いと考えます。下の例では東北がダイニングキッチン、東が収納、東南が和室、南西が洋室、西がトイレ、北西がバスルームと洗面所となります。

方位にはそれぞれがもつパワーがあるとされています。30ページを参考にしてください。

### 風水の9方位

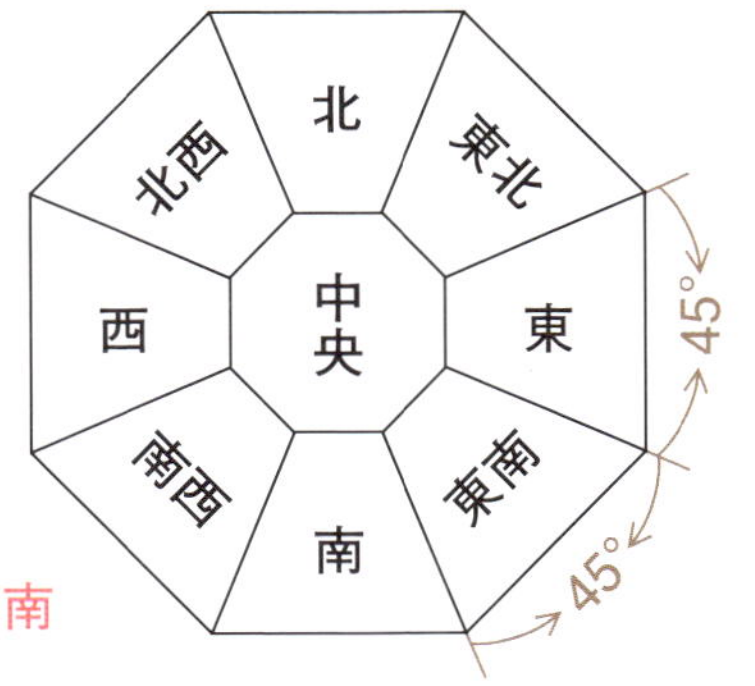


### 方位を書き込んだ例

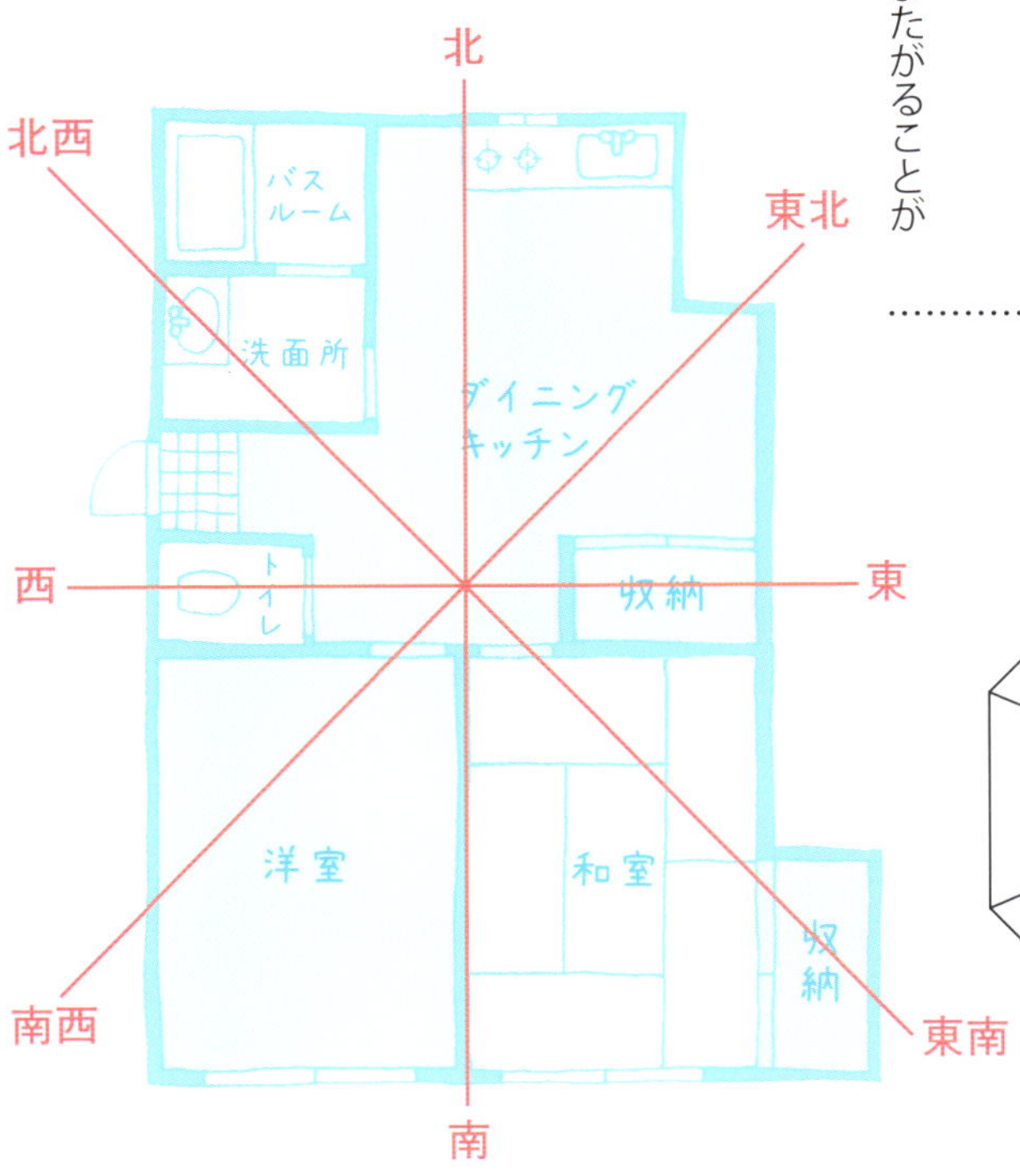

# 9方位がもつ意味を知っておこう

方位にはそれぞれ意味があります。その方位がもつ運気を高めたければ、とくにその方位をきれいにしましょう。方位のもつ運気はキーワードを参考にしてください。

## 中央

中央は文字通り、9方位の中心。自然界の大地と、すべての季節になぞらえられています。五行でいうと「土」に当たります。家族が集まってくつろいだ時間を過ごすリビングに最適です。キーワードは、夢を叶える、安定。

## 北

自然界では水、季節では冬になぞらえられています。物事を工夫する力を宿す方位で、知恵を育てる場所なので、勉強部屋や書斎などに向いています。キーワードは、子宝、セックス、男女の愛、睡眠、勤勉、健康。

## 東北

「鬼門」（→107ページ参照）の方位。自然界では山になぞらえられています。山のようにどっしりとして動じないイメージで、忍耐力が養われる場所です。キーワードは、相続、不動産、良い変化、跡継ぎ。

## 東

自然界では雷を、季節では春になぞらえられています。雷や春は、勢いがよく気力がみなぎっているイメージ。若い人や子どもの過ごす部屋によいとされます。キーワードは、やる気、芸術、発展、昇進、若い男性。

## 東南

自然界では風になぞらえられています。勢いのある東のパワーと、人目を引いて目立つ南のパワーをもつ外交的なイメージ。長女の部屋に向いています。キーワードは、恋愛、商売、旅行、信用、コミュニケーション、長女。

## 南

自然界では火を、季節では夏になぞらえられています。太陽がくまなく照らすので、明るく目立つイメージ。窓があるとよい方位です。キーワードは、ひらめき、社交性、美しさ、快活、才能、人気。

## 南西

「裏鬼門」（→107ページ参照）の方位。自然界では地になぞらえられています。大地は生き物を育むことから、あたたかく包み込むイメージ。キーワードは、家庭円満、忍耐、努力、仕事、主婦(母)。

## 西

自然界では沢を、季節では秋になぞらえられています。秋の意味から、豊かな収穫のイメージ。収入や喜びを得られる方位で金運をつかさどります。キーワードは、金銭、良縁、喜び、明るい女性。

## 北西

自然界では天になぞらえられています。すべての物事の始まりのイメージです。一家の主人の方位といわれ、主人の財運や仕事運に影響します。キーワードは、出世、事業、目上の人、社会的信用、主人(父)。

# 9方位ごとの ラッキーアイテム早わかり!

30ページで紹介した9方位がもつ運気に加え、
9方位にはそれぞれ相性のいいアイテムがあります。
その方位が風水的に凶の間取りでも、ラッキーアイテムを置くことで、
凶運を緩和する効果も。インテリア選びなどの参考にしてください。

ラッキー
風水コラム

# 水の取り入れ方

**水をインテリアに取り入れること自体は風水的にもよいですが、扱い方には注意が必要。水の性質を理解し、取り入れ方のポイントを知っておきましょう。**

## きれいで澄んだ水をインテリアに取り入れて運気を上げる

水は常に動いていることでよい状態を保つ性質をもっています。たまったままの状態で長時間放っておくと、水が循環されず、悪い気を発することになりかねません。

たとえば花びんに花を飾るなら、水はこまめに取り替えることが大切。花びんの中にたまった水はすぐによどんでしまいます。花はきれいな水を吸うことで、室内によい気を発します。花のパワーを生かすためにも、花びんの水の手入れは怠らないようにしましょう。

また、大量の水は家を冷え込ませてしまいます。水槽を置く場合は、大き過ぎるものは避けましょう。部屋の広さと不つり合いな大きな水槽は、その家の運気の変化を激しくしてしまうことも。

風水では、南に水気のあるものを置かないということも大切。南を象徴する火と水とは相性が悪いからです。水槽や花びんなどを置くなら、南の方位は避けましょう。

ウォーターサーバーを置く家も増えていますが、置く場所はキッチンの北が理想。水と相性の悪い「火」の気を避けて、シンクや冷蔵庫のそばに置きましょう。

## 水を取り入れるときのポイント

### こまめに取り替える

汚れた水は悪い気を発してしまいます。花びんの水など、循環しない水はこまめに取り替えて、いつもきれいにしておくように心がけましょう。

### 南には置かない

火は南の象徴。火と相性の悪い水は、南に置かないようにします。また南は、体にたとえると頭なので、南に水を置くと、頭の病気になるともいわれています。

### 南に水を置くなら植物と一緒に

どうしても南に水槽などの水に関するものを置きたい場合には、南の象徴の火と水を仲裁してくれる観葉植物を一緒に置くとよいでしょう。

花びんの水はこまめに替えて

水槽の近くには植物を置いて

# 2章

# 五感の風水でハッピーに!

「見る」「聴く」「嗅ぐ」「味わう」「触れる」の
五感を使って得られる開運法を伝授します!

この章では、それぞれがもつ運気アップにつながるパワーを、
下の7つのマークで表しています。

金…金運　恋…恋愛運　健…健康運　美…美容運
仕…仕事運　家…家庭運　人…人間関係運

紫月流

# 五感の風水

五行の運気を、五感を働かせて体に取り込み、ラッキー体質をつくるのが紫月流風水です。
「見る」「聴く」「嗅ぐ」「味わう」「触れる」という五つの感覚をとぎすませて、運気を呼び込みましょう。

## 五感を通じて、五行のラッキーを取り込む

風水のベースとなる考え方の一つ、五行説とは、世の中のあらゆるものを「木」「火」「土」「金」「水」の五つの要素に分けるというもの（→27ページ参照）。

この五つの要素には、それぞれ影響を与えやすい運気があります。「木」は恋愛運、「火」は才能運、「土」は家庭運、「金」は金運、「水」は健康運などです。

五感とは、「視覚」「聴覚」「嗅覚」「味覚」「触覚」という五つの感覚。この五感をとぎすませることで、五行のそれぞれの運気を積極的に取り入れられる体質をつくっていくのが紫月流五感の風水。

自分をとりまく環境を整える間取りやインテリアの風水で運気を上げると同時に、五感を通じて自分自身の体質を改善しましょう。さらに運気がアップします。

## 五行が影響を与える運気

どんな運を上げたいかによって、それに合った五行のアイテムを取り入れていきます。
具体的なラッキーアイテムの例は、36～43ページで紹介しています。

### 木

- 恋愛運
- 結婚運
- 対人運

### 火

- 才能運
- 出世運
- 美容運

### 土

- 家庭運
- 仕事運

### 金

- 金運
- 出会い運

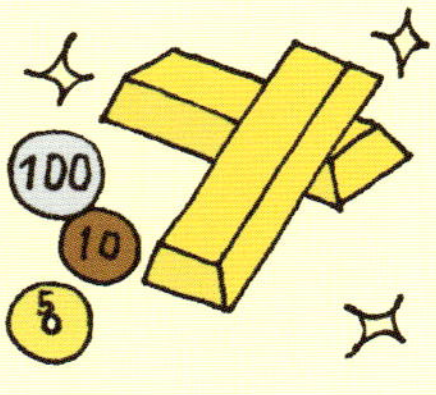


### 水

- 健康運
- セックス運
- 子宝運

## 五感をとぎすませて、より効果的に

　ふだんの生活のなかで五感を感じやすい体質にしておくことは、五行の運気を取り入れるのに効果的です。せっかくの運気も感度が悪ければ、効率的な取り込みは期待できません。

　五感をとぎすませる方法は簡単。たとえば、美しいものやきれいな景色を見ていれば、「視覚」がとぎすまされます。旬の素材を生かしたおいしい料理を食べていれば、自然と「味覚」が磨かれます。つまり心豊かな生活を送ることで、五感はよく働くようになるのです。

　今は金運を上げたい、などピンポイントに特定の運気を上げたい場合もあります。そんなときには、五行それぞれのラッキーアイテムを使って、五感から取り込みます。

　たとえば、家庭運を上げたいなら、家庭運に関わる「土」の性質をもつアイテムを取り入れます。花や植物を置いて、直接土に触れるのもよいですが、大地を描いた風景画を飾って「視覚」から受け取ったり、自然の音を集めた環境音楽を流して「聴覚」からパワーを受け取ることもできます。具体的な五感の五行別アイテムは次ページから紹介します。

## 五感のもつパワー

「見る」「聴く」「嗅ぐ」「味わう」「触れる」の五感パワーを知っておきましょう。
五つの感覚をとぎすますことで、幸運を呼び込みます。

### 視覚

**「見る」ことで取り込むパワー**

色や景色、ものなど、目で見えるものから取り込めるパワー。旅行に行く、写真を撮ったり見たりする、花を飾るなどの行為によって、パワーを取り込むことができます。

### 聴覚

**「聴く」ことで取り込むパワー**

音楽や音声など、耳から入ってくるすべての音から取り込めるパワー。音楽を聴く、歌を歌うなどの行為によってパワーを取り込むことができます。

### 嗅覚

**「嗅ぐ」ことで取り込むパワー**

においを通して取り込めるパワー。香水をつける、芳香剤を置く、アロマテラピーなどの行為によって、パワーを取り込むことができます。

### 味覚

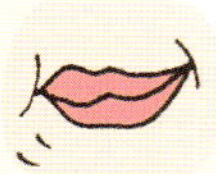

**「味わう」ことで取り込むパワー**

口から入るすべてのものから取り込めるパワー。食事をして、辛い、甘い、酸っぱいなどの味を感じることによって、パワーを取り込むことができます。

### 触覚

**「触れる」ことで取り込むパワー**

触ることで取り込めるパワー。マッサージをしたり何かに触ったりする行為によって、パワーを取り込むことができます。

# 五感の風水 STEP 1

# 五感別パワーガイド

どんなものも、私たちの五感にうったえかけるパワーをもっています。
ここでは色、模様、動物、香り、音、食べ物に分け、具体的にどんなパワーがあるのかを紹介します。

## 視覚 色 Color

誰でも簡単に取り入れることができるのが、色の風水術。部屋のインテリア選びに迷ったときの、参考にしてください。

恋

### ワインレッド

大人の女性の魅力をアップさせます。セックスアピールに効果大。下着の色に取り入れてみても。

仕 恋

### 赤

燃えあがる炎の色。積極的な気持ちになり、やる気がアップ。勝負運を上げたいときにも効果的。

人 金

### 黄

金運を代表する色。また、身につけていると明るくポジティブな気分になり、楽しいことがひらめきます。

人 家 恋

### オレンジ

明るい印象を与えるので、人間関係を友好にしたいときに吉。リビングなど、人が集まる場所に取り入れて。

美 恋

### ピンク

恋愛運アップの必須カラー。総合的に女性の運気を上げる色です。淡い色合いのピンクのほうがより効果的。

人

### ターコイズ

南国の広い海のようにさわやかな色。誰からも好かれ、人気者に。アイシャドウなどに取り入れてみて。

家 健

### 緑

自然を象徴する色。目にやさしく、心に安らぎとリラックス効果を与えます。植物で取り入れても。

人

### 黄緑

黄色と緑の中間色である黄緑は、調和をもたらし、人間関係をよくします。自然の色で心もおだやかに。

美 健

## ラベンダー

紫と同様、品格を高めます。女性はラベンダー色を使うとさらにやさしい印象に。リラックス効果もあり。

人 仕

## 紫

高貴なイメージがあるので、落ち着いた場面や気品を感じさせたいときに最適です。

仕 健

## 青

信頼感や冷静な判断力といった、仕事運アップに強力な色。気持ちを鎮めるため、寝室におすすめ。

仕

## 水色

成長や発展を促します。水のような透明感が、誠実さを連想させ、やわらかな色合いが清楚な印象にも。

健

## 白

清潔感を与え、浄化する効果があります。便器やバスタブなどの汚物を扱う家具は、基本的に白が吉。

## 黒

停滞、停止の色。風水的にはマイナスのパワーが強いので、取り入れるときは他の色と組み合わせましょう。

家 仕

## 茶

大地を表す土の色。心にゆとりもたらし、気持ちを安定させます。仕事で成功したい人は、濃い茶色が吉。

家

## ベージュ

ナチュラルで落ち着いた色合いで、あたたかみと安心感を与えます。リビングに取り入れて家庭運アップ。

金

## ゴールド

金運アップには強力な色。ただし、汚れたりさびたりすると効果は激減。手入れを怠らないようにして。

金

## シルバー

光る色は金運を高めます。とくに仕事の場で取り入れると効果抜群。控えめな印象が転じて吉に。

# 模様

pattern

模様に含まれている図形にも、視覚にうったえるパワーがあります。インテリアは無地で統一すると運気が下がってしまうので、模様を取り入れて運気を上げましょう。

人 家 金

## チェック

四角形は家庭の安定や、人間関係をよくします。貯蓄運アップの効果もあるので、財布の柄に取り入れても。

人

## ボーダー

横の縞は、周囲との調和をはかります。ただし太いストライプは、運気の浮き沈みが激しくなるのでNG。

仕

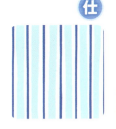

## ストライプ

縦の縞は、やる気や向上心を引き起こす効果があり、書斎や勉強部屋のファブリックにおすすめ。

仕



## 星

才能を引き出し、輝かしい結果へ導いてくれます。子ども部屋や、寝室のカーテンの模様に。

金

## アニマル

動物的本能を呼び起こし、金運をつかみ取ります。ただし、水まわりとの相性は悪いので注意しましょう。

人

## ドット

丸い形がやわらかい印象を与え、人間関係をよくする効果が。誰からも好かれ、人気度も上がります。

仕

## 幾何学

カラフルで華やかな印象が発想力を高めます。ただし、積極的になり過ぎる面もあるので、TPOに合わせて。

家

## ペイズリー

流れるような曲線が、やわらかい印象を与えます。じゅうたんの模様に取り入れれば、家庭が円満に。

人 家 仕 健 恋

## 葉

クローバーなど葉のモチーフは、万能な開運効果が。植物は育つことから、発展の運気も得られます。

美 恋

## ハート

女性のさまざまな運気をアップ。さらによい方向へと変化させてくれます。ピンクや赤との相性が◎

美 家 恋

## 花

女性らしさを表し、女性によい運気をもたらします。基本的に万能な開運効果があるので、迷ったら花柄を。

視覚

# 動物

animal

動物にもそれぞれ風水的パワーがあります。動物モチーフやキャラクターアイテムは、ファブリックや雑貨、携帯のストラップなどにさりげなく取り入れて。

金

## へび

金運をもたらし、へび革の財布は、強力な金運アイテム。また白へびは、勝負運を引き寄せます。

人 金 恋

## きつね

古くから神の使いとされ、稲荷神社のシンボルとして有名。どんな願いごともすばやく叶えてくれるかも。

金 仕

## ライオン

ライオンは王様の象徴。金運を招き、玄関に置いておくと厄除けの効果が。威厳ある風格から、出世運も。

家 金 健

## ぶた

多産で富の象徴であるぶたは、家庭運、健康運、金運に効果が。人間関係のトラブルを和らげる効果も。

人 仕

## いぬ

古くから人と深い関わりを持ち、パートナーシップを組んできた動物。協調性をアップさせてくれます。

仕

## ぞう

インドでは幸運の象徴とされています。大きく落ち着いた姿が自信をもたらし、やる気を上げてくれます。

金

## にわとり

西との相性がよく、窓辺ににわとりグッズを置くと収入アップも期待できるといわれています。

健

## かめ

中国でも古くから縁起のよい動物として有名。甲羅が邪気をはねのけるといわれ、厄除けの効果があります。

仕 恋

## さかな

すいすいと水の流れに添って泳ぐように、運気の流れをよくします。頭の回転もスムーズに。

家 金

## かえる

「お金がかえる（返る）」といわれ、金運を招きます。財布にかえるグッズを入れておいてもよいでしょう。

人 健

## いるか

集団で生活するいるかの習性から、友情運がアップ。強い癒しのパワーもあります。

嗅覚

# 香り

fragrance

よい香りは、空気を浄化させよい気をもたらします。また、女性らしさを高めるためにも欠かせないアイテム。香り別のパワーを知り、目的に合わせて使い分けましょう。

金

## ジャスミン

上品で花らしい香り。金運がアップし、生活が安定します。西の部屋に香らせればさらに効果的。

仕 健

## ラベンダー

癒やし効果のある香りの代表格。気持ちが沈んだときに利用して。浄化作用もあるので、トイレにおすすめ。

美 恋

## ローズ

エレガントな香りが女性らしさ高めます。若々しい魅力を保ち、人の心を引き寄せて、モテ度もアップ。

家 健

## ヒノキ

樹木の香りは心をおだやかにします。ヒノキはバスルームとの相性がよいので、入浴剤に利用すると吉。

金

## キンモクセイ

芳香剤としてもよく知られ、日本人になじみのある香り。金運アップの作用が期待できます。

人 健

## ミント

クールな香りで気持ちがすっきりします。感情を抑えてくれる作用があるので、冷静になりたいときに。

人 健 恋

## グレープフルーツ

柑橘系の香りは誰からも好かれ、初対面の人にも好印象を与えます。北の部屋に香らせれば健康運アップ。

## 香りの取り入れ方

### 入浴剤で

いい香りのお湯にゆっくりつかって、疲れとともに悪い気も落としてしまいましょう。色のついた入浴剤なら、色のパワーで開運も。

### お香で

神社やお寺で身を清めるときに線香の煙をあびるように、お香には浄化作用があります。掃除の仕上げにたくのもよいでしょう。

### アロマで

アロマオイルは種類が豊富。朝は元気の出る柑橘系、夜は安眠効果のあるフローラル系にするなど、時間によって使い分けても。

### 香水で

体につける場合は、つけ過ぎに注意。ほのかに香るくらいがベストです。ハンカチやストールに染み込ませておいてもよいでしょう。

聴覚

# 音

sound

音色も種類によって開運パワーが異なります。目的に合わせて鑑賞する音楽を選びましょう。とはいっても、基本的には自分が聞いて心地よいものを選ぶのがベストです。

## 合唱やオペラ

高級感のあるオペラ鑑賞は、リッチな気持ちになり金運がアップ。もちろんCDやDVD鑑賞でもOK。

## 映画音楽

才能やひらめきをアップさせ、想像力が増します。とくに人気のある作品のテーマソングは、効果大。

## 鈴

神社で鐘を鳴らすように、鈴の音色には厄を払う作用があります。お守りに持ち歩いてもよいでしょう。

## クラシック

人々に受け継がれてきた歴史的な名曲には、頑張る気持ちを後押ししてくれる、強いパワーがあります。

## 自然の環境音

自然のエネルギーは開運効果抜群。その場にいるような気分になれる環境音は、心身の安定につながります。

## ポップミュージック

リズミカルな音楽はエネルギーが湧いてきます。朝の通勤中に聞けば、活力がわいて仕事運もアップ。

## オルゴール

心身ともに疲れをとり、癒やしのパワーがあります。寝室や赤ちゃんの部屋におすすめ。CDでもOK。

味覚

# 食べ物 飲み物

food&drink

味覚は五つに分けられ、それぞれのパワーをもちます。ただし食事はバランスよくとることが基本。欲しい運気の食材ばかりに、かたよらないようにしましょう。

家 仕

## 甘いもの

和菓子やさつまいも、はちみつなどの甘みは、疲れを癒やし、心を落ち着かせます。仕事の集中力もアップ。とはいえ、取り過ぎには注意しましょう。

金 仕

## 辛いもの

唐辛子やカレー、スパイスのきいたエスニック料理などの辛みは、やる気が出て積極的な気持ちに。お金につながる仕事が舞い込んでくる可能性も。

健 恋

## しょっぱいもの

海藻や魚貝類、しょうゆや味噌などの塩からいものは腎臓の機能を高め、老廃物を排出します。子宝運やフェロモンがアップ。ただし取り過ぎは厳禁。

人 健 恋

## 酢っぱいもの

みかんやグレープフルーツの柑橘類、マヨネーズ、酢などを使った酸味のあるものは、よい出会いや友好な人間関係を呼び寄せます。

美 仕

## 苦いもの

コーヒーやお茶、ゴーヤー、ピーマンなどの苦みのあるものは、脳が刺激され、頭がさえてひらめきがアップします。仕事に煮つまったら、一杯のコーヒーを。

触覚 視覚

# 素材

material

家具の素材はインテリアを選ぶうえで重大な要素。大きな面積を占めるものこそ、素材選びにはこだわりましょう。触り心地によっても、開運パワーは異なります。

## 紙

紙は悪い運気を吸収しやすい素材です。雑誌を床に積み上げたり、段ボールでの収納はやめましょう。

人 家 健 恋

## 綿(コットン)

自然素材からは自然のパワーがもらえ、寝具や下着、タオルなど肌に直接触れるものに取り入れると吉。

家 健 恋

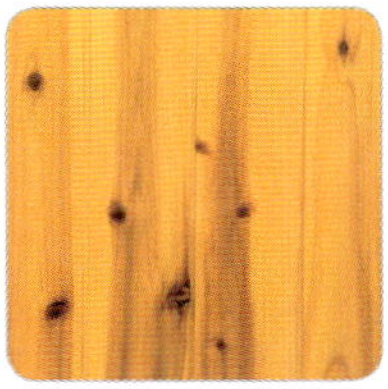

## 木

自然素材は心にやすらぎを与え、家庭運をアップさせます。どの部屋にもよく、木目のきれいなものが吉。

金 仕

## 革

上質な革素材は、仕事に関する手帳や靴、財布などに取り入れると、その人の格を上げてくれます。

金 恋

## シルク

光沢あるシルクは、高級の象徴。ゴージャスなイメージで金運アップ。インテリアのポイントに取り入れて。

金

## ガラス

ピカピカに磨くことで、財運がアップ。ただし、ガラステーブルはNG。布のテーブルクロスやマットを敷いて。

健

## 籐(ラタン)

通気性がよい素材なので、収納スペースや洗面所など、湿気を嫌う場所に最適。

金

## 金属

メタリックな素材で部屋を統一すると、冷たい印象に。ポイント使いに上手に取り入れれば金運アップ。

家

## い草(畳)

植物性の素材は家庭運アップ。畳の上にはできるだけ何も敷かず、素材を生かすようにしましょう。

家 金

## 陶

土からできた陶器は、運気を安定させます。食器や花びんに、上質な陶器を使えば金運アップも。

## プラスチック

安っぽいイメージが金運ダウンに。お金に関するものなどの保管には避け、衣類の収納などに使いましょう。

# 一覧表

36～43ページで紹介した五感にうったえるアイテムを、運気別に表にまとめました。

目的に合った開運アイテムを探してみましょう。

| 香り 40ページ | 音 41ページ | 食べ物・飲み物 42ページ | 素材 43ページ |
|---|---|---|---|
| ジャスミン　キンモクセイ | 合唱やオペラ　鈴 | 辛いもの | ガラス　シルク　革　陶　金属 |
| ローズ　グレープフルーツ | 鈴 | しょっぱいもの　酸っぱいもの | 木　綿（コットン）　シルク |
| ローズ　ラベンダー　グレープフルーツ　ミント　ヒノキ | 自然の環境音　オルゴール　ポップミュージック | しょっぱいもの　苦いもの　酸っぱいもの | 木　綿（コットン）　籐（ラタン） |
| ラベンダー | 映画音楽　クラシック　ポップミュージック | 甘いもの　辛いもの　苦いもの | 革 |
| ヒノキ | クラシック　オルゴール | 甘いもの | 木　綿（コットン）　陶　い草（畳） |
| グレープフルーツ　ミント | 鈴　ポップミュージック | 酸っぱいもの | 綿（コットン） |

# ひと目でわかる！　運気別五感アイテム

| | 色 36、37ページ | 模様 38ページ | 動物 39ページ |
|---|---|---|---|
| 金運 | 黄、ゴールド、シルバー | チェック、アニマル | ライオン、きつね、へび、にわとり、ぶた、かえる |
| 恋愛運 | 赤、ワインレッド、ピンク、オレンジ | 花、ハート、葉 | きつね、さかな |
| 健康・美容運 | ピンク、緑、青、ラベンダー、白 | 花、ハート、葉 | ぶた、いるか、かめ |
| 仕事運 | 赤、水色、青、紫、茶 | ストライプ、幾何学、星、葉 | ぞう、ライオン、いぬ、さかな |
| 家庭運 | オレンジ、緑、ベージュ、茶 | チェック、花、葉、ペイズリー | ぶた、かえる |
| 人間関係運 | オレンジ、黄、黄緑、ターコイズ、紫 | ボーダー、チェック、ドット、葉 | きつね、いぬ、いるか |

五感の風水
STEP 2

# 開運アイテムの選び方

ここでは、36～43ページで説明した内容を踏まえ、具体的に取り入れるときの選び方を紹介します。

## 花

Flower

### 花はどの部屋にもよい気を運ぶ万能アイテム

花は華やかな姿で、よい香りを発することから、視覚と聴覚への相乗効果で開運効果を発揮します。

どの部屋に飾っても運気をよくするので、積極的に取り入れましょう。たとえば玄関に花が飾ってあると、家の中によい気が入ってきます。寝室に花が飾ってあれば、眠っている間に花のもつ開運パワーが体に吸収されます。ただし、造花では意味がなく、生花がベスト。プリザーブドフラワーも生花ほどの効果はなく、ドライフラワーは逆に運気を下げてしまうので避けましょう。

### 方位にあった花を飾ろう

方位によっても相性のよい花があります。
飾る花に迷ったときの参考に。

北西

小ぶりの青い花
／ブルースターなど

北

一輪で飾れる白い花
／カラー、カサブランカなど

北東

小ぶりの黄色い花
／オンシジュームなど

西

黄色い大輪の花
／ひまわりなど

中央

香りのよい花
／ラベンダーなど

東

小ぶりで親しみやすい花
／フリージアなど

南西

ピンクのフリルのような花
／スイートピーなど

南

赤い花
／バラなど

南東

茎の長いオレンジの花
／ガーベラなど

# 花はここに置くと運気UP

## リビング

家UP!

### リビングにかすみ草を飾る

夫婦仲にけんかが絶えないなら、リビングにかすみ草を飾って。イライラや怒りが治まります。ほかの花と組み合わせて飾ってもよいでしょう。

## 寝室

恋UP!

### 枕元にピンクの花を飾る

よい出会いが欲しい人は、枕元にピンクの花を飾りましょう。スイートピーやガーベラはとくに強運！　花びんの水は毎日入れ替えましょう。

## 洗面所

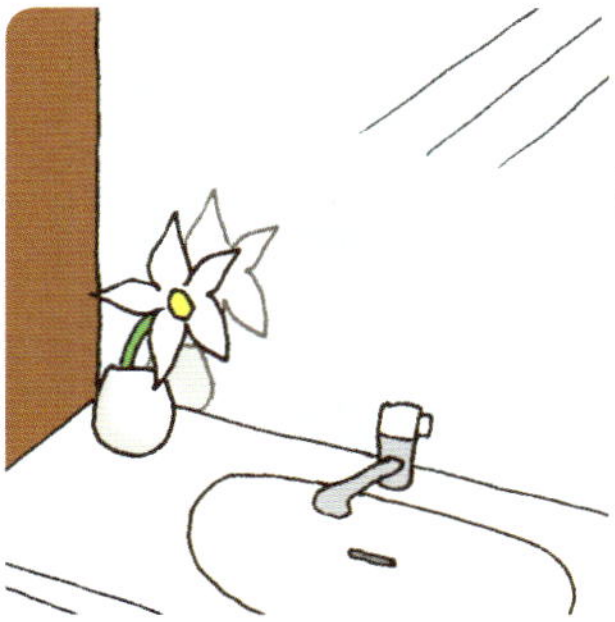

美UP!

### 鏡に映る位置に花を飾る

洗面所の鏡に美しいものが映っていると、女性の美しさがアップ。毎日見る鏡に、きれいな花を一緒に映り込ませることがポイントです。

## キッチン

金UP!

### キッチンにひまわりを飾る

金運をつかさどるキッチンには、金運パワーの強いひまわりがおすすめです。西側に飾れば大きな収入アップも期待できるでしょう。

## 手入れの注意点と花器の選び方

せっかく花を飾っても、手入れがされていなければ、かえって悪い気を呼び寄せてしまいます。花瓶の水は毎日入れ替え、枯れた花びらや葉はこまめに取り除きましょう。花の手入れは、発展の気がある朝に行うのがベストです。

花は置けばよいというものではなく、清潔な環境でなければよい効果は得られません。掃除と整理整頓がされた部屋に、きれいに飾ることで開運効果が発揮されます。

花瓶には陶器やガラス製のもの、鉢植えには素焼きやテラコッタがおすすめ。プラスチック製のものは、運気をダウンさせてしまうので避けましょう。

玄関には季節の花を飾るのもおすすめです。

# 観葉植物

## さわやかな自然の緑がよい気を呼び寄せる

観葉植物も花と同様に、どの部屋に置いても開運効果を発揮するアイテムです。さわやかな緑はインテリアとしても人気。花と違って季節を問わずに一年中楽しめるのが、観葉植物のメリットです。

ただし落葉した葉や枯れた葉は、悪い気を呼び寄せてしまうので、こまめに取り除きましょう。ホコリも同様なので、葉の表面についたホコリはときどき拭くとよいでしょう。観葉植物の鉢には陶器がおすすめです。

## 観葉植物の形別のパワーを知ろう

**観葉植物は、葉の形や、葉のつき方、植物全体の形などでもっているパワーが異なります。選ぶときの参考にしてください。**

### 丸い葉の植物

お金を連想させる丸い形の葉は、金運をもたらします。また、気持ちをおだやかにしたり、人間関係を調和させるパワーもあります。
／ゴムの木、金のなる木など

### 下に垂れ下がる植物

葉が下に垂れ下がる姿は稲が実る稲穂を連想させ、金運を引き寄せます。また、やわらかな曲線を描くフォルムが気持ちを静めます。
／スパティフィラムなど

### とげがある植物

とげは、その人に寄ってくる邪気を寄せ付けないようにする作用があります。人間関係のトラブル解消におすすめです。
／サボテン、アロエなど

### とがった葉の植物

とがった葉の形には、頭の中をシャキッとさせる作用が。ひらめきやアイデアがさえ、仕事の効率がアップします。
／アレカヤシなど

### つるを伸ばす植物

つるを成長させながら這って伸びていく植物は、上に向かって這わせることで発展の気をもちます。仕事運アップに。
／アイビーなど

### 上に伸びる植物

背が高い植物や葉が上向きに高く伸びる植物は、発展の気を持ち、やる気や向上心がアップ。また、健やかな成長を促します。
／ベンジャミン、パキラなど

# 観葉植物はここに置くと運気UP

## リビング

仕 UP!

### 南に1対の植物を置く

南は対のものと相性がよく、とくに背の高いパキラなどを1対置くのがおすすめです。背の高い植物は、やる気や向上心がアップ。日当たりのよい窓際に置いて。

## 書斎

人 UP!

### 書斎の窓際にサボテンを置く

トゲのあるサボテンは邪気をはらい、悪いものを寄せつけないパワーがあります。職場に苦手な人がいて悩んでいる人は、窓際に置いてみて。

## 廊下

健 UP!

### 廊下や階段の角に置く

廊下や階段の角は、暗いうえにホコリも溜まりやすく、悪い気が溜まりがち。溜まった凶運で健康を損なう前に、観葉植物でよい気を補充しましょう。

## トイレ

健 UP!

### 掃除グッズを観葉植物で隠す

トイレは掃除グッズが見えるところにあると、健康運ダウンの原因に。掃除グッズは、観葉植物を利用してさりげなく隠しましょう。鉢には白い陶器がベスト。

## 電化製品の近くに観葉植物を置くと吉

電化製品は強い気をもっているので、部屋の気を乱し、マイナスの作用を及ぼします。なかでも電子レンジは、強力な気をもつので要注意。ダイニングテーブルの近くにあると、そこで食事をする家族の運気が乱れてしまうことも。

そんなときには観葉植物が活躍。電子レンジの近くに置くと、そこから発せられる気を、植物のパワーで和らげてくれるのです。

また、電子レンジを冷蔵庫の上に置く場合にも、観葉植物があると安心です。冷蔵庫と電子レンジが発する気は、互いに反発し合う性質があり、並べて置くのはＮＧ。近くに観葉植物を置いて、キッチンの気の乱れを緩和させましょう。

電子レンジの近くには、
観葉植物を置きましょう。

# 絵や写真

Art&photo

## 絵や写真一枚で部屋を明るく

絵や写真を一枚壁に飾るだけで、飾り気のない部屋が明るい印象に。廊下やリビングの壁に飾って、室内が明るい雰囲気になれば運気アップにつながります。

絵や写真は、被写体が視覚にうったえる開運パワーを代行してくれます。たとえば実際の花が置けないなら花の絵や写真を飾ることで、花のもつ視覚からの開運パワーを取り入れることができます。

サイズは、部屋とのバランスを考えて選ぶことがポイント。額の素材は木製がおすすめです。

ただし、飾りっぱなしでホコリがついてしまっては逆効果。とにかく風水では掃除が一番なので、こまめに拭き掃除をして、よい気を引き寄せる環境を整えることが大切です。

## 絵はここに置くと運気UP

### 寝室

恋UP!

**北に果物の絵を飾る**

子宝運アップを望むなら、たくさんの実がなる果物の絵がGood。夫婦の寝室の北の方角に飾りましょう。りんごの絵は愛情運がアップし、夫婦の仲も睦まじく。

### 子ども部屋

家UP!

**子どもが描いた絵を飾る**

子どもが描いた絵は、開運パワーが強いアイテム。きちんと額に入れ、子ども部屋に大切に飾っておくと、その子の才能がアップし、家庭を明るくします。

### トイレ

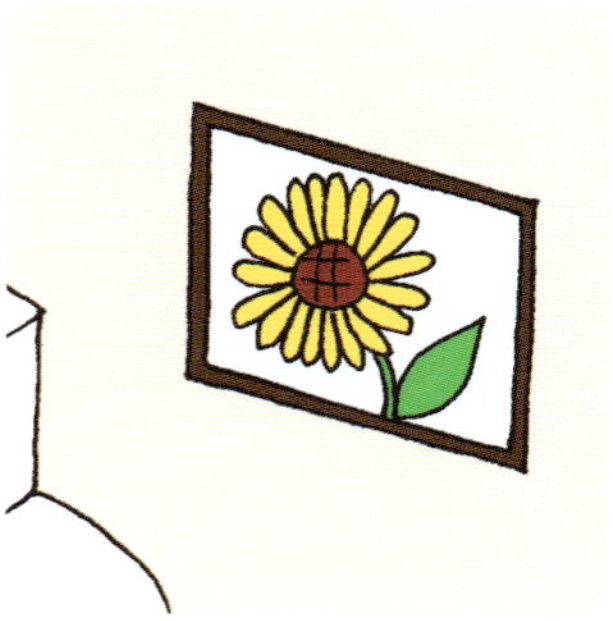

金UP!

**ひまわりの絵を飾る**

トイレに花を飾るとよいといわれても、花を管理できる自信がない…。それなら花の絵でもOK。ひまわりの絵を飾れば金運アップ。

### リビング

家UP!

**山の絵を飾る**

おだやかさや安定の気をもつ山の絵は、リビングに飾ると家庭に安定をもたらします。山の写真でもOK。赤富士はおすすめです。

# 家具

Furniture

## 大きな家具ほど運気への影響大！

インテリアの基本的要素となる家具選びは、とても重要。基本的には自然のパワーをもつ、自然素材がおすすめです。

大きな家具の場合、黒っぽい色は避けましょう。黒のもつ停滞のパワーが、室内にいる人に影響してしまい、やる気や活力を失わせてしまいます。なるべく明るい色の家具を選んで、部屋をあたたかい雰囲気に。ただし、重厚感をもたせて仕事運を上げるなど、濃い色がよい場合もあるので、欲しい運気に合わせて選びましょう。

もしすでにあるものが風水的によくない場合も、買い替える必要はありません。上から布をかけたり、まわりのインテリアに開運グッズを取り入れたりすることで凶作用は補えます。

## 運気を上げる家具の選び方

ここで紹介するのは、インテリアの中でも存在感をしめる大きな家具。
開運風水にそって、よいものを選びましょう。

### ダイニングテーブル&チェア

角に丸みを帯びた木製のものが◎。角張った形は人間関係でも角が立ちやすくなり、家庭内もうまくいかなくなります。ガラス製もNG。その場合はテーブルクロスで対応を。

### 食器棚、収納ダンス

木製がベスト。プラスチック製は、運気をダウンさせてしまうので避けましょう。また、部屋に対して収納家具が大き過ぎると悪い気が発生しやすいので、サイズ選びも慎重に。

### ベッド

木製がおすすめ。収納つきのベッドでも、中をきれいに整理しておけばOKです。スチール製は、冷たい印象が人との仲を冷え込ませてしまうので避けて。買い替えられない場合は寝具で工夫しましょう。

### ソファ

布製もよいですが、ベストなのは革製のソファ。その人の格が上がり、仕事運や金運アップにつながります。サイズは部屋の広さにあったものを選びましょう。

### リビングテーブル

木製で木目のきれいなものだと、よい気がやってきます。角が丸みを帯びたものは、家庭や人間関係を円満にするパワーをもち、トラブルが回避されます。

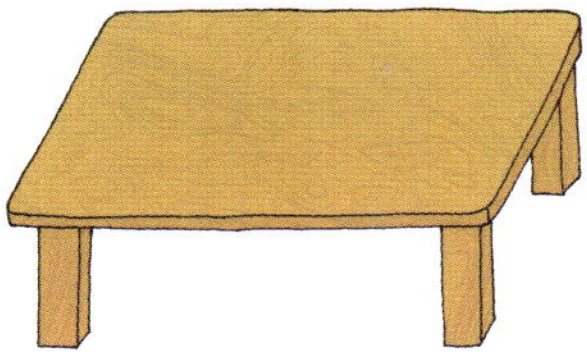

# ファブリック

Fabric

## 種類が豊富なので欲しい運気に合わせて選んで

カーテンやソファー、ベッドカバー、じゅうたんなど面積が大きいものは、部屋全体の雰囲気を決める重要なアイテム。そのもの一つで運気を左右するので、慎重に選びたいものです。

基本的に明るい色が吉。欲しい運気に合わせて36～43ページで紹介した色や柄、素材のパワーを参考に選んでもよいでしょう。

また、季節ごとに適した素材選びをすることも大切です。たとえばカーテンなら、夏は遮光性のすぐれた生地、冬は防寒性のある厚手の生地を選びましょう。過ごしやすい環境をつくることが運気アップにつながります。

いずれにしても洗濯はまめに行い、いつでも清潔な状態を保ちましょう。

## 方位にあったラッキーカラー一覧表

方位によっても、相性のよい色があります。
それぞれの部屋のファブリックを選ぶときの参考にしてください。

| | 玄関 | キッチン | トイレ | バスルーム・洗面所 |
|---|---|---|---|---|
| 東北 | 赤、ラベンダー、シルバー | 茶、黄 | 赤、黄、ラベンダー | 赤、茶、ラベンダー |
| 北 | ピンク、オレンジ、白 | オレンジ、シルバー | 白、パステルグリーン、ピンク | 白、水色 |
| 北西 | 黄、茶、水色 | ベージュ、ピンク、シルバー | 白、黄 | 白、ピンク、水色 |
| 東 | 青、緑 | 緑、赤、オレンジ | 白、黄 | 白、青、オレンジ |
| 中央 | 黄、赤、ゴールド | 赤、ラベンダー、茶 | 赤、ラベンダー、白 | 黄、ピンク、ラベンダー |
| 西 | 黄、ベージュ、ゴールド | 白、黄、茶 | 黄、ベージュ | 黄、ピンク、ゴールド |
| 東南 | オレンジ、緑、濃いピンク | 白、パステルグリーン、ピンク | パステルグリーン、ピンク | 白、ピンク、緑 |
| 南 | 緑、赤、紫 | 緑、赤 | 濃いピンク、黄、ラベンダー | 青、緑、オレンジ |
| 南西 | 黄、ラベンダー、赤 | 黄、ラベンダー、赤 | ベージュ、黄、ゴールド | ピンク、ラベンダー、ベージュ |

# 願いごと別 リビング&寝室のラッキーカーテン

部屋の印象を大きく変えるのがカーテン。
素材は自然素材の綿がおすすめです。

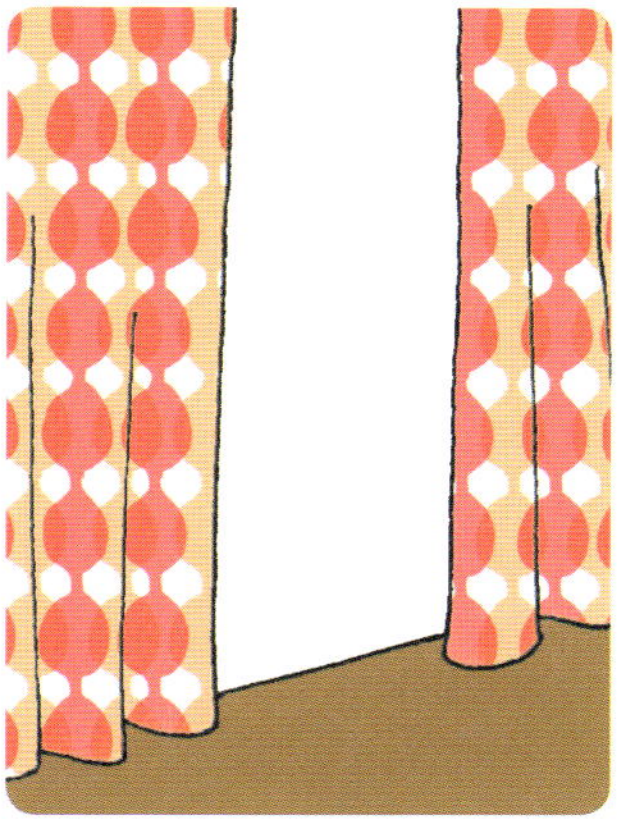

## 仕事運

### 赤とオレンジでやる気アップ

赤とオレンジの幾何学柄は、活力がわき、ひらめきもさえて仕事運がアップ。やる気が出ないと悩んでいるなら、カーテンを換えてみて。

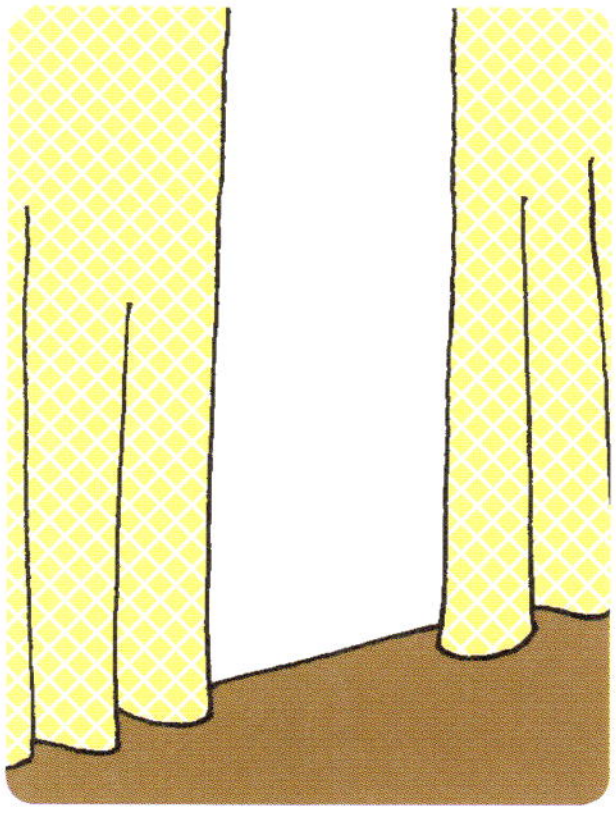

## 金運

### 黄色のパワーで窓から金運を呼んで

金運といえば黄色。ポイントにゴールドが入っていればお金がたまるようになります。とくに南西の窓とは相性がよく、おすすめ。

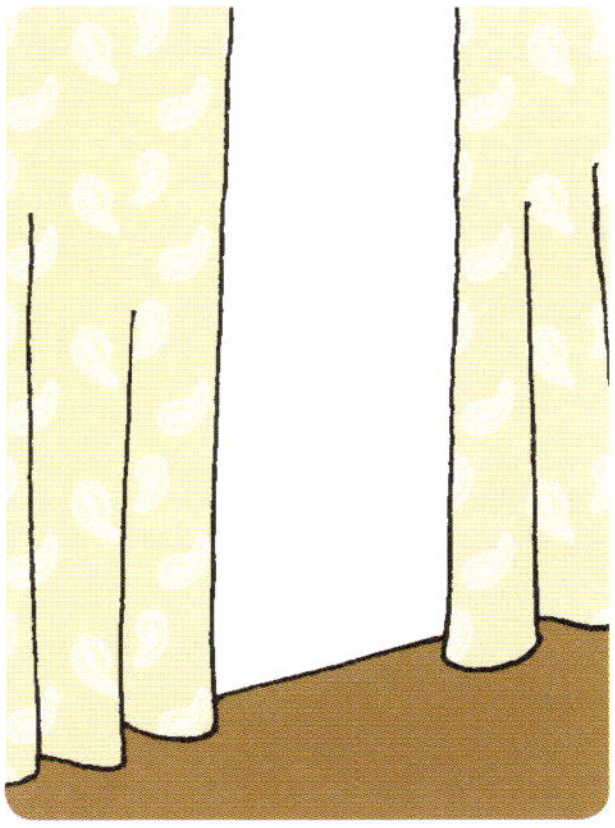

## 家庭運

### 自然に近い色が家庭をおだやかに

自然色のベージュや茶など、ナチュラルで清潔感を感じられる色を選んで。家族仲、夫婦仲が円満になります。

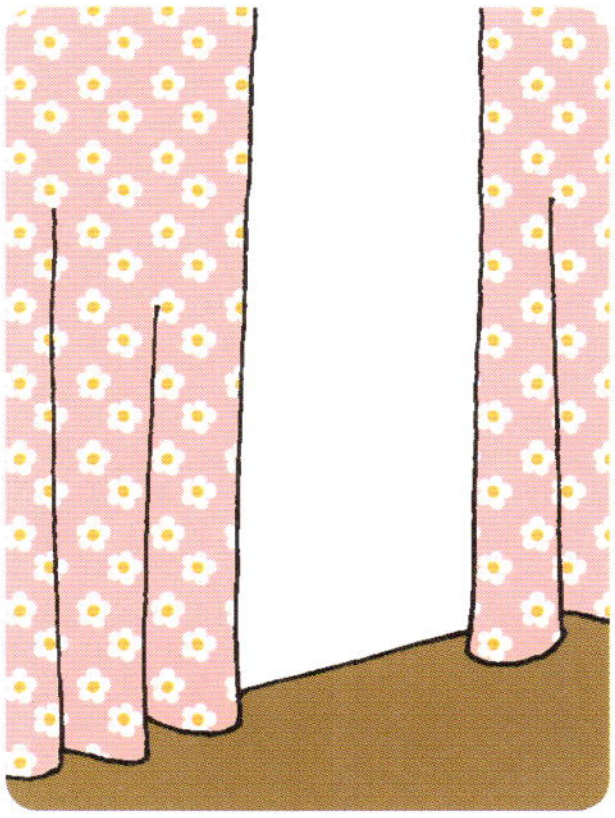

## 恋愛運

### ピンクと花柄でかわいらしく

やわらかいサーモンピンクに、かわいらしい小花柄がおすすめ。東南の窓なら、窓際に自分の写真を飾ると、良縁がやってきます。

## 人間関係運

### 人気者にはオレンジのドット

誰とでも友好な関係を築けるオレンジと、人から好かれるドット柄は最強。自然と人が集まってきます。

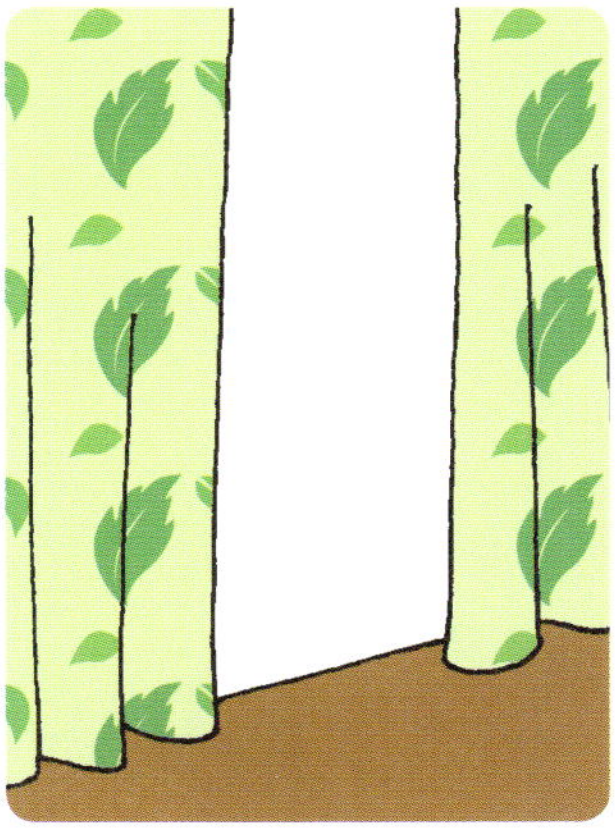

## 健康運

### グリーンのパワーで健やかに

葉のモチーフは成長と発展の気をもち、健康運がアップ。朝起きたらカーテンを開けて、太陽の光を取り入れましょう。

# ラッキー 願いごと別 ソファ

ソファはリビングの中でもメインの家具。
クッションも、運気アップには欠かせないサブアイテムです。

## 仕事運

### 評価を上げるのは落ち着いた茶色

茶色のソファはまわりの人からの評価がアップ。人として品格を高めたければ、上質な革製のソファを応接間に置きましょう。

## 金運

### やまぶき色で貯蓄運アップ

真っ黄色よりも、やまぶき色がおすすめ。金運をつかみとる、アニマル柄のクッションを置いてもよいでしょう。

## 家庭運

### 家族だんらんには暖色系がおすすめ

あたたかみのある色で家庭もおだやかに。モノトーンや派手な色柄は、家庭運を下げるので避けましょう。

## 恋愛運

### 淡いピンクで恋愛運アップ

濃いピンクよりも、淡いピンクを選びましょう。女性ならフリル付きのクッションを置いて、さらに運気アップ。

## 人間関係運

### ベーシックな色に丸いクッションが吉

誰からも好かれるベージュがベスト。丸い形のクッションは、人間関係を円満にし、トラブルを軽減します。

## 健康運

### くつろぐなら緑のソファ

リラックス効果のある緑を。大きめのクッションを置くと、自然と気持ちが落ち着きます。くつろぐといってもソファで寝るのはNG。

# 願いごと別 ラッキーベッドカバー

安眠はよい気を呼び寄せる基本です。
はっきりした色や柄は避け、やさしい色の寝具を選びましょう。

## 仕事運

### 知力を高める青系でまとめて

青は知力と集中力を高めます。また落ち着いた眠りをもたらすので、脳がしっかり休まります。その日の疲れも、夜じゅうに解消！

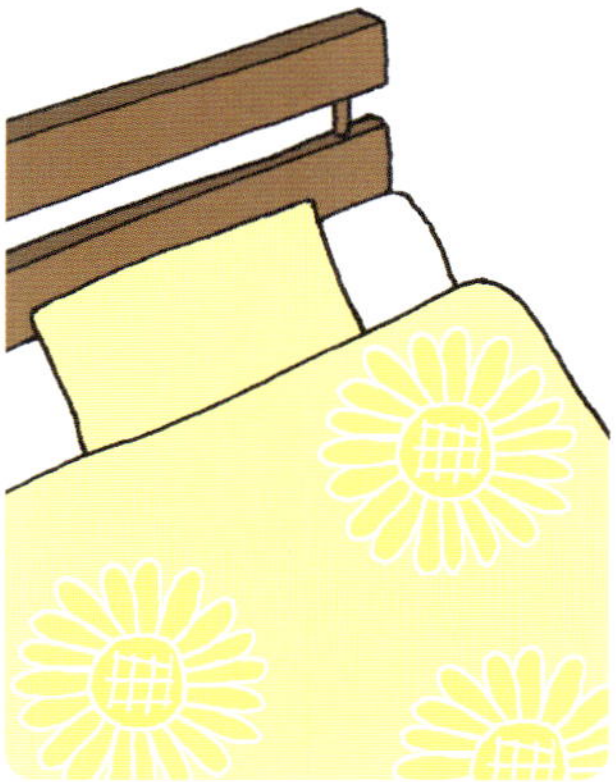

## 金運

### 黄色×ひまわりが最強の金運コンビ

淡い黄色の地に、ひまわりなどの黄色の花柄が入ったものは、強い金運を引き寄せます。ただし、あまりはっきりした模様はNG。

## 家庭運

### 花柄は愛情運を高めます

夫婦のベットカバーには花柄を取り入れましょう。白は愛情を冷めさせ、夫婦の性生活も薄くなりがちに。色は暖色系がよいでしょう。

## 恋愛運

### ハート柄で恋のパワーアップ

ハート柄のもつ恋愛パワーを、寝ている間にチャージ。淡いピンク地に、赤や紫のポイントが入ったものがベストです。

## 人間関係運

### 人気運を呼ぶならオレンジやピンク

ドット柄は調和をもたらし、人づき合いをよくします。パステル調のオレンジやピンクなら、人気運も引き寄せます。

## 健康運

### 疲れ気味の人にはパステルグリーン

ストレスや疲れが溜まっている場合は、パステルグリーンがおすすめ。質のよい睡眠で、心も体もリフレッシュ！

ラッキー風水コラム

# 盛り塩の基本

厄除けや清めには、盛り塩はとても効果的。多少の問題がある間取りでも、盛り塩を置くことでお清めできる、風水のお助けアイテムです。

## 風水アイテムの塩を使った盛り塩で間取りの凶相をお清めする

風水アイテムとして、とても大切だといわれているのは、「塩」「観葉植物」「鏡」の三つ。その中の一つである塩は、日本では古くからお清めに使われてきました。相撲で土俵に塩をまくのも、お清めの一つです。神社や店の前でよく見かける盛り塩も、お清めのために置かれています。

風水にかなった完璧な間取りの家というのは、現実には難しいもので、どんな家にも一つや二つの問題はあります。その問題のある箇所に盛り塩を置くことで、悪い気を遠ざけて、お清めをすることができます。盛り塩は特別なものではありません。家庭でも手軽に取り入れるとよいでしょう。

たとえば、鬼門に水まわりや玄関があるのは凶相とされていますが、その場合にも、盛り塩を置くことで凶作用をおさえられます。

## メンテナンスが大事。盛り塩はこまめに取り替えて

盛り塩は、1週間以上も取り替えずに放っておくと、カチカチに固くなり、吸い込んだ悪い気を放出するようになります。こうなっては逆効果。こまめに取り替えられないなら、置かないほうがよいでしょう。

本来は玄関の外に円すい状に盛った塩二つを、一対に置くのがベスト。でも、置くスペースがなければ、一つだけでもOKです。もちろん、玄関以外の場所に置いても効果は得られます。お清めのためなので、けちけちしないでたっぷりと塩を盛りましょう。

また、盛り塩には粗塩などの天然塩を使うことがポイント。精製塩ではパワーが弱いので、効果が期待できません。天然塩を使って気持ちを込めて盛り塩を置き、それが習慣になったなと思えるころには、少しずつ効果が出てくるでしょう。

## どこに置く？

### 気の入り口である玄関と吉相のないトイレに

気の入り口である玄関と、風水的にプラスの要素のないトイレの2か所には必ず置きたいところ。玄関の盛り塩は、悪い気をブロックし、よい気を迎え入れてくれます。またトイレには凶相を少しでも清めるために置きます。方位が凶相の部屋や、日当りが悪くて気が滞るようなところにも置くとよいでしょう。

### 邪魔にならないように置く

玄関なら外が理想的ですが、たたきに置いてもOK。邪魔なら靴箱の上に置いても。トイレは、タンクの下のけとばさないところに置きます。

**玄関の隅に**

**靴箱の上に**

**トイレのタンクの下に**

## どうやって置く？

### 白い小皿かおちょこに入れて

和紙を二つ折りにして敷くのが正式ですが、家庭では白い小皿やおちょこに入れて。また白の容器が理想ですが、楽しんで続けられるなら、模様入りのお皿でもOK。形式にこだわるよりも、続けることのほうが大切です。

### ひとつかみの塩を気持ちを込めて中高に

量はたっぷりとひとつかみ。少なくとも大さじ１〜２杯くらいは使いましょう。気持ちを込めながら手でつまんで、中央をこんもりと高く、中高の形にします。神社やお店のように、無理に円すい状の形を作る必要はありません。

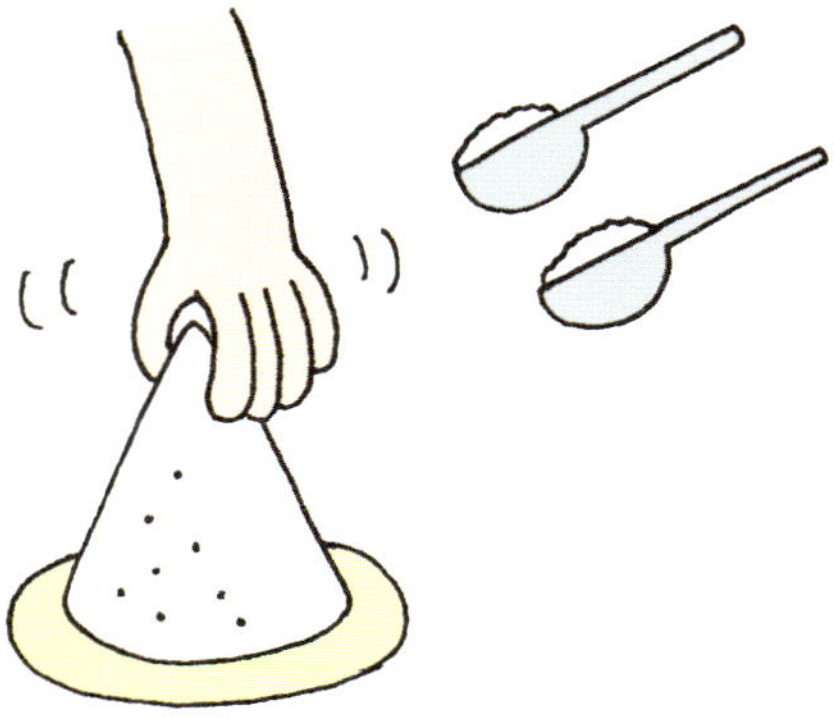

## どうやって捨てる?

### 排水口に流して
### パイプのお清めも

トイレや、洗面所などの排水口に水で流します。こうすると、お清めにもなります。ゴミとして捨てたり、玄関の外にまいたりしても。塩を捨てたら、お皿は軽く洗って拭き、また新しい塩を盛りましょう。

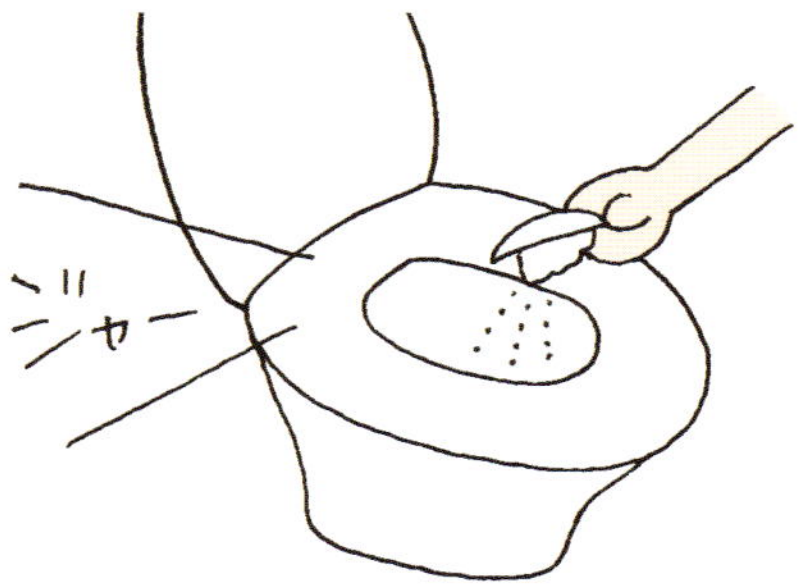


## だれが取り替える?

### 一家の主が
### 心を込めて取り替えて

盛り塩の取り替えは、その家の主人か主婦がしましょう。会社なら社長が行います。その場所の主となる人が取り替えるのが基本です。遊びではないので、遊び感覚で子どもに取り替えさせたりするのはやめましょう。

## どんな塩を使う?

### 精製塩は効果なし。
### 必ず天然塩を使って

盛り塩には天然塩を使いましょう。精製塩は、調味料として、料理用に加工されたもの。自然のものではないので効果も期待できません。岩塩は天然塩ですが、取り替えができないので、避けたほうがよいでしょう。

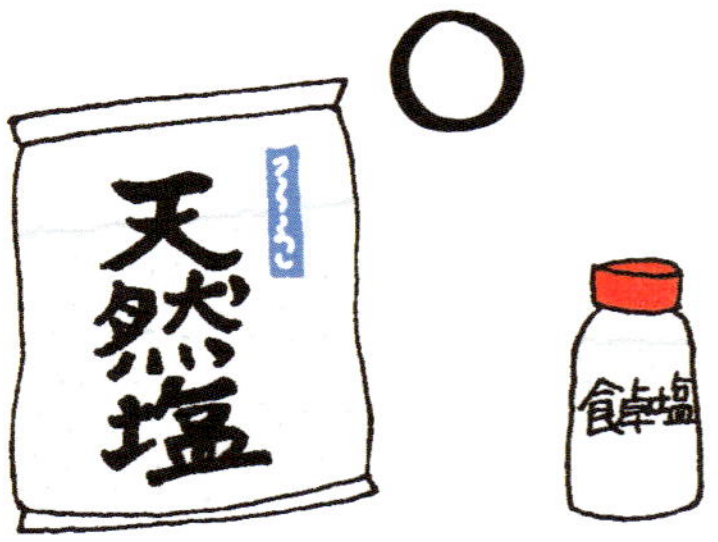


## いつ取り替える?

### 毎日が無理なら
### 3日に1回は取り替える

毎日取り替えるのが理想。無理なら3日に1回。それでも続かないなら、せめて1週間に1回は取り替えます。それができなければ、かえって悪い気が放出されてしまうので、盛り塩自体をやらないほうがいいでしょう。

置きっぱなしで塩がカチカチになってしまった状態はNG。

# 3章

# 幸せになるインテリア

家の中のそれぞれの理想の部屋と、そのポイントを解説。
欲しい運気を呼び寄せる方法を、部屋ごとに紹介します。

# リビング

**リビングはおもに家庭運や全体運を左右します。
窓をこまめに開けて、よい運気を取り入れましょう。**

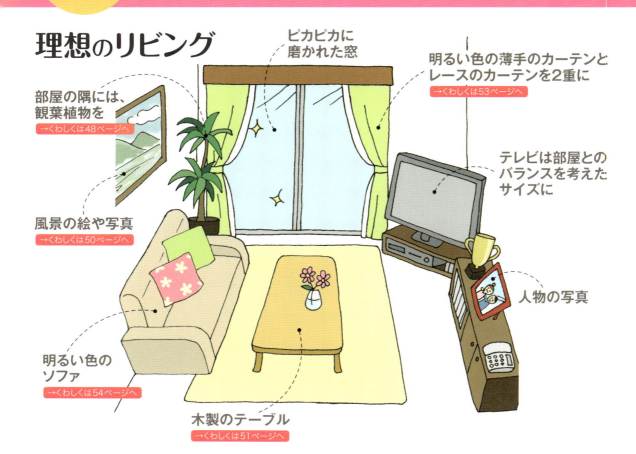

## 理想のリビング

### +α ソファは出入り口から一番遠い位置に

ソファを置く位置は、下の図のようにドアを入って一番奥がベスト。ソファから出入り口が見えたり、ソファの真横に出入り口があると落ち着きません。壁を背にし、ソファから部屋全体が見渡せる場所が理想です。

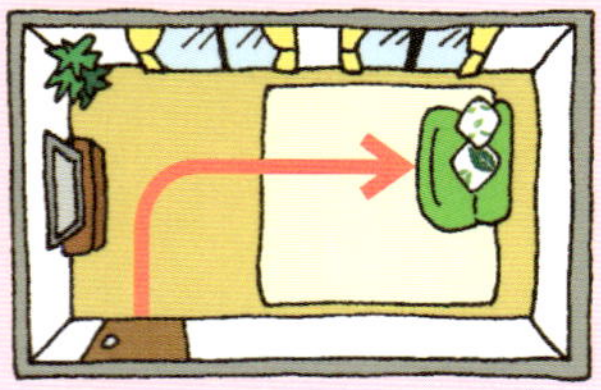

## 家族みんながくつろげるあたたかい部屋づくりを

リビングは家の中でも過ごす時間が長い場所です。誰にとっても居心地のよい環境であることが大切。リビングの環境の良し悪しは、そこに住む人の運気に大きく影響します。

物で散らかっていたり、ホコリがたまっているようなリビングは家庭運を下げ、家族の関係もぎくしゃくしたものに。清潔であたたかみのある空間づくりを心がけましょう。

インテリアは木製や布製の自然素材のもので統一し、あたたかい雰囲気に。ラグマットやじゅうたんは、洋室なら敷きつめても問題ありませんが、和室の場合はNG。畳がもつパワーが遮られ、家庭運がダウンしてしまいます。もし敷く場合は、部分的にしましょう。

# これはNG! 今すぐやめて！　凶運はそこにある！

### バッグを床に置く

バッグを直接床に置いていると、金運をダウンさせることに。収納スペースの上の段にしまうか、フックに吊るしましょう。

### ソファに脱いだ洋服を置く

脱ぎっぱなしの汚れた洋服からは、悪い気が発生します。雑に積み上げるほど、運気が低迷していくので、ソファの上はすっきりと。

### 洗濯物が室内に干しっぱなし

雨の日の室内干しは仕方ありませんが、乾いたらすぐに畳んで収納を。ずぼらさは女性の魅力を低下させ、愛情運がダウン。

### テレビにホコリがたまっている

静電気でホコリがたまりやすいテレビ。情報をもたらす機器の汚れは、コミュニケーション能力を低下。乾いた布でこまめに拭いて。

### めったに開けない窓がある

窓は運気の出入り口。より多くの窓からよい運気を取り入れ、悪い運気を逃がすために、一日に一度は開けるように心がけましょう。

### ソファで寝る

ソファで寝るとよい睡眠がとれず、仕事運や健康運に影響が。寝る場所が定まっていないと、仕事もなかなか安定しません。

# 願いごと別開運法 リビング編

## 家庭運UP

### 家族写真を飾る

人物写真は、人とのよい関係を招きます。リビングに家族の思い出の写真を飾れば、家庭円満に。サイドボードの上などの目立つ場所に、フレームに入れて大切に飾りましょう。

## 家庭運UP

### 東の方角にテレビを置く

東は音の出るものと相性がよい方位。テレビやラジオ、コンポなどを東の方角に置くと、明るくにぎやかな家庭に。幸運をもたらすラッキー情報も、早く耳に入って来るかも!?

## 仕事運UP

### 重厚感のある家具を置く

テーブルや棚をこげ茶などの重厚感のある色にすると、落ち着きをもたらす気がそなわり、仕事運がアップします。ただし、やり過ぎて部屋全体が暗い雰囲気にならないように。

## 仕事運UP

### 毛足の短いじゅうたんを敷く

洋室にじゅうたんやカーペットを敷く場合、就職活動をしている人なら、毛足が短いものがおすすめ。希望の仕事がめぐってくるかも。ただし派手な柄は避けましょう。

## 人間関係運UP

### 丸いクッションを置く

丸い形のアイテムは人間関係を円満にします。オレンジや黄緑、ドット柄のクッションなら、人気運がアップし、人が集まるにぎかやなリビングに。

## 人間関係運UP

### コードをすっきりまとめる

テレビなどの配線コードがぐちゃぐちゃにからまっていると、人間関係でもトラブルに巻き込まれることに。コードは束ねてまとめるか、かごに入れるなどして見えない場所へ。

## 家庭運UP

## Good! 実例集

### 和室のリビング

畳は家庭運アップのアイテム。和室をリビングとして使うのは大正解。ただし、畳の上にじゅうたんなどを敷くのはやめて。畳の通気性をよくしておくことがポイントです。

## 恋愛運UP

### FAXつきの電話を置く

会話機能だけでなく、いろいろな機能がついている電話は、恋愛運アップに。モノトーンよりカラフルなデザインのものがおすすめです。東か東南に置くと良縁がやってきます。

# キッチン＆ダイニング

キッチンは、悪臭や汚れたものを残さないことが大切。
気が乱れやすいので、収納や物を置く場所に注意しましょう。

## 理想のキッチン＆ダイニング

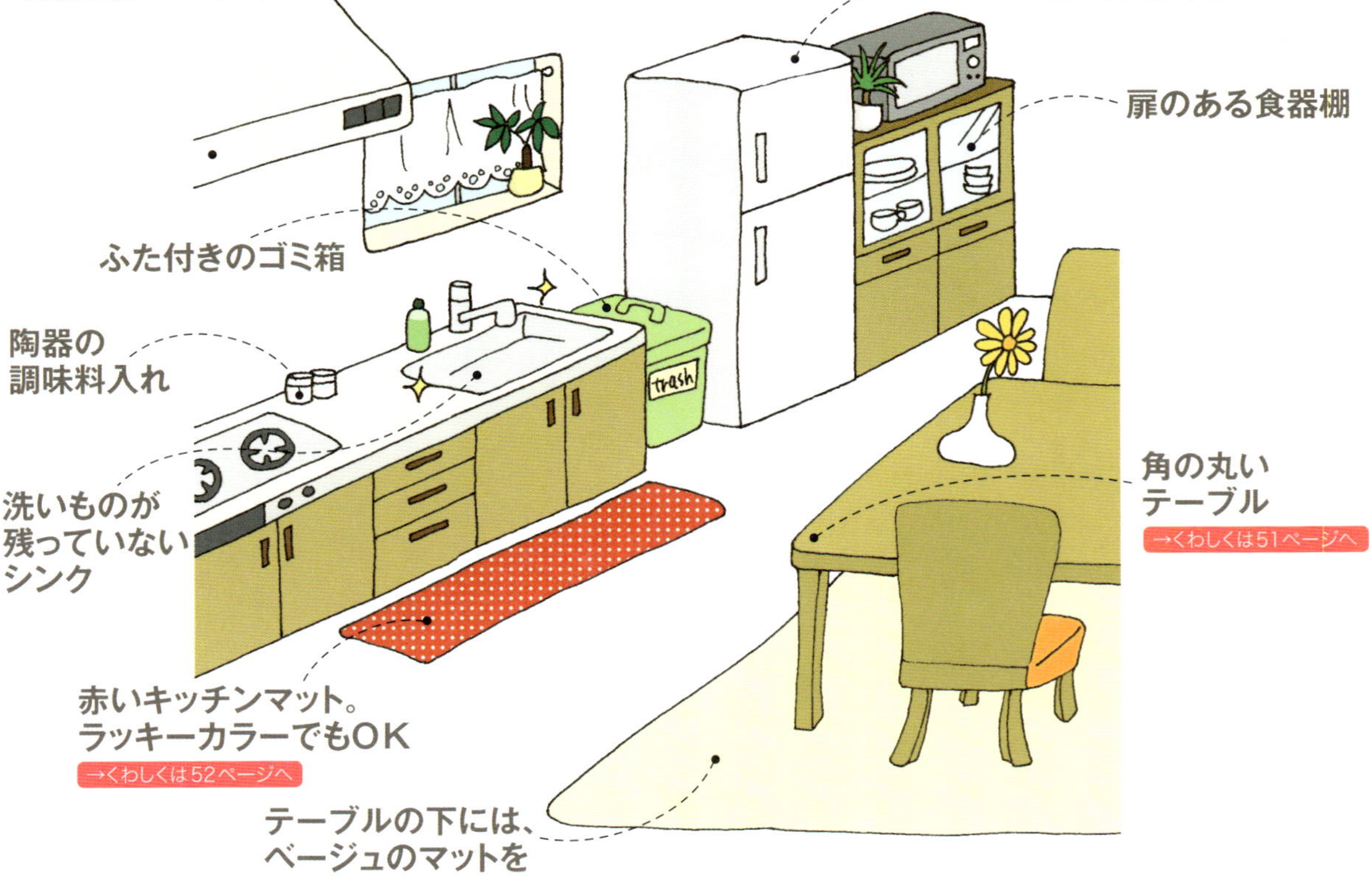
白い冷蔵庫は
どの方位でも吉


→くわしくは51ページへ

→くわしくは52ページへ

## おいしい料理で健康に！主婦の運気アップで吉

火と水を扱うキッチンは気のバランスが乱れやすく、とくに金運と女性の運気に影響します。大切なのは清潔な状態を保つこと。さらに余裕があれば、インテリアの開運法を取り入れましょう。

生ゴミからの悪臭や、食器の汚れなどから悪い気が発生しやすいので、掃除や換気はこまめに。気の循環をよくするには欠かせない、換気扇の掃除も定期的に行いましょう。

キッチンは体の源となる食事をつくる場所です。よい環境でつくられた食べ物は、よい気を含んで体の中へ運ばれます。また、料理をつくる主婦の運気を上げることで、その料理を食べる人の運気もアップします。

### ＋α 調理器具はシンクの下に収納を

「火」の気をもつコンロの下に、「金」の気をもつ金目の調理器具を収納するのはNG。「金」の気を溶かし、金運ダウンにつながります。金目の調理器具は「水」の気をもつシンクの下へ。コンロの下には、米や調味料などを収納しましょう。

# これはNG! 今すぐやめて! 凶運はそこにある!

### フライパンや鍋が焦げ付いている

調理器具の焦げ付きや包丁のサビは、金運ダウンの原因です。こまめに磨きましょう。使い終わったら、所定の場所に片づけて。

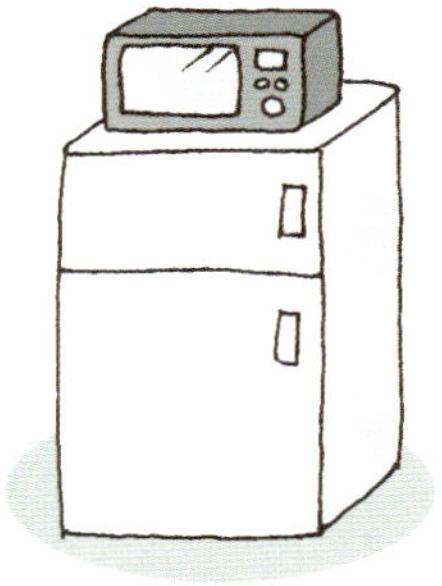

### 冷蔵庫の上に※電子レンジを置く

冷蔵庫の上に物を置くのはよくありません。とくに「火」の気の強い電子レンジはNG。もし置く場合は、間に布や板を挟んで対応して。

### 冷蔵庫にメモや写真を貼る

食材を冷やす冷蔵庫は、メモを貼ると冷気が作用し、その内容がうまくいかなくなります。写真ならその人と仲が冷え込むことに。

### 市販の容器からそのまま食べる

市販の容器をお皿に移さずに食べることは、家庭運を下げます。面倒でもお皿に移すひと手間を尽くすことで、あたたかい家庭に。

### 黒いダイニングテーブルを使う

黒いテーブルは食材からもらうパワーを妨げます。暖色系のテーブルクロスや、ランチョンマットを敷いて運気ダウンを和らげましょう。

### コンロの近くに貴重品を置く

「火」の気をもつコンロの近くに、財布や時計などの貴重品を置きっぱなしにしていると金運がダウン。貴重品は指定の場所へ収納を。

※ご家庭にある電子レンジの様式をお確かめの上、ご参考ください。

# 願いごと別開運法 キッチン編

## 金運UP

### お米を専用のケースで保存する

お米は金運に関わる最強食材。大切に扱うことで金運がアップします。お米は買ってきた袋から出して、米びつや密閉できるケースに移しましょう。湿気のこもらない暗室で保管を。

## 金運UP

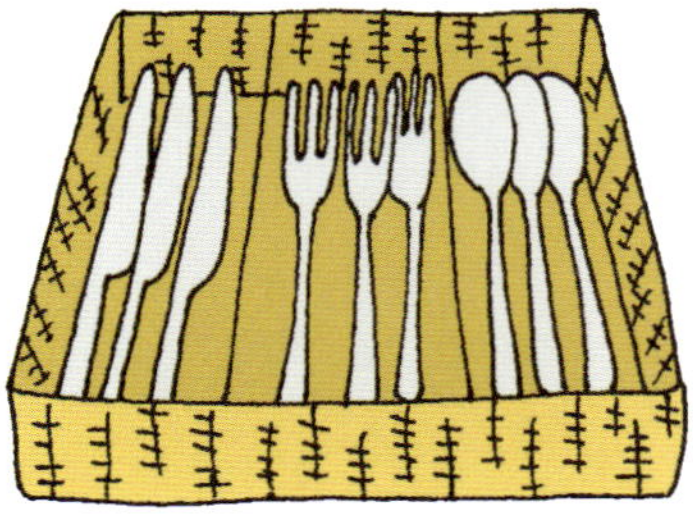

### 引き出しの中をきれいにする

整理された引き出しは貯蓄運をアップさせます。バラバラになりやすいカトラリーは、かごなどできちんと仕切りましょう。銀食器をきれいに磨けばさらに金運アップ！

## 人間関係運UP

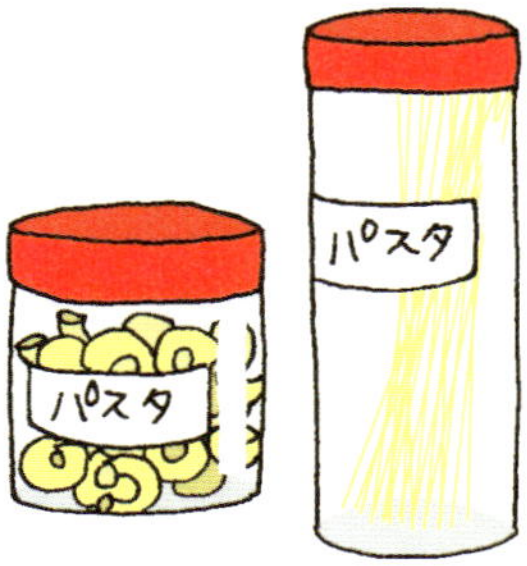


### パスタをガラス製のケースに入れる

食品や調味料の保存は、浄化作用のある白い陶器がベストですが、水の気をもったガラス製のケースも人間関係運に効果的。ワンポイントに、赤を取り入れてみても。

## 金運UP

### 自然素材のキッチングッズを使う

木や籐、陶器などで統一されたキッチンはまさに理想的。金運ダウンが妨げられ、無駄遣いや衝動買いが減りそう。火の気をもつプラスチック素材は使わないようにしましょう。

## 家庭運UP

### キッチンでハーブを育てる

気が乱れやすいキッチンには、積極的に植物を置いて緩和を。ハーブなら料理にも使えて一石二鳥。方位や目的に合わせた植物 (→48ページ参照)を選んでもよいでしょう。

## 家庭運UP

### 食器は上向きに収納する

食器を上向きにして収納すると、そこによい気が入り、食事中の会話がにぎやかに。ただし、食器棚に扉がない場合、ホコリがつかないように下向きに収納しましょう。

## 恋愛運UP

### 冷蔵庫の中を整理する

冷蔵庫の中をきちんと整理していると、家庭的な女性らしさがアップ。恋愛運がついて結婚に結びつくことも。消費期限切れの食品が入ったままではNG。こまめにチェックを。

## 健康運UP

### 赤いエプロンを身につける

料理にやる気が起きないときは、赤いエプロンをしてみて。料理の腕もアップ。主婦が腕をふるってつくった料理に活力の気が含まれ、家族も健康に。

# 願いごと別開運法 ダイニング編

## 恋愛運UP

### 花柄のテーブルクロスを敷く

花柄は女性の魅力をアップさせます。家に彼を招いて、花柄のテーブルクロスを敷いたテーブルで、手料理をごちそうしてみて。大皿を分け合って食べれば愛情運がアップ。

## 健康運UP

### ランチョンマットを敷く

ランチョンマット敷いて食事をすると、体の受け入れ態勢が整い、食べ物がもつ気をより多く体内に取り込めます。季節ごとに色を変えて楽しんでもよいでしょう。

## 家庭運UP

### 主人の席を北側にする

北は主人の力を高める方位なので、一家を支える男性には北側の席がおすすめ。仕事で力が発揮されれば、家庭も安定します。女性に主導権がある夫婦なら、女性が北側でもＯＫ。

## 金運UP

### 高級な食器を使う

高級な食器で食事をすると、その人の格が上がる気を取り込めます。逆に安っぽい食器は、格を下げることに。欠けた食器は人間関係も壊れてしまうので、すぐに処分を。

Column

# 開運メニュー

食材のもつ運気は、42ページで紹介した味覚だけでなく、色や形、調理法などによっても分けられます。

## 全体運

### おにぎり

人の手で握られたおにぎりは最強のパワーをもちます。市販のおにぎりも、にぎり直せば効果あり。

## 金運

### 卵焼き

黄色い食べ物は、金運を呼びます。有名店やブランド品などの高級食材なら、さらに効果あり。

### 紅茶

黄金色に輝く紅茶やシャンパンは、金運アップに。高級なティーカップでリッチにいただきましょう。

## 恋愛運

### パスタ

細長いものは「縁を結ぶ」ことから、良縁を招く開運メニュー。麺類ならどんなものでもOK。

### オレンジジュース

柑橘系のフルーツは人間関係を友好にし、出会いの場を広げます。朝に飲むのがおすすめです。

## 健康運

### 冷ややっこ

豆腐やはんぺんなどの白い食材は、五行では水の気をもち、健康運や子宝運をアップ。

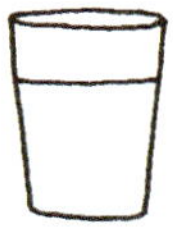

### ミネラルウォーター

水には体の中を浄化する作用が。自然水に近い方がよいですが、浄水器の水でもOK。常温で飲んで。

## 美容運

### チキンライス

ケチャップなどで味付けした赤い料理は、美容運に効果的。ヘルシーな鶏肉を使って。

### 赤ワイン

ワインの上品な香りと赤い色が、女性を魅力的に。ピカピカなグラスを使うと、内面まで美しく。

## 仕事運

### えびチリ

えびやかになどの甲殻類は、才能をアップさせる食材。えびチリは、赤のパワーで勝負運も◎。

### ビール

炭酸のもつパワーでコミュニケーションがうまくとれるようになり、職場でも人望のある人材に。

## 家庭運

### 筑前煮

ごぼうやれんこんなど、根菜類をふんだんに使った筑前煮は土の気をもち、家庭運がアップ。

### 緑茶

緑色が良縁を結び、あたたかい家庭を築けます。和菓子と合わせれば愛情運がプラスされてGood。

# 寝室

寝室の良し悪しは、日々の健康や活力に関わります。
良質な睡眠がとれる環境づくりを心がけましょう。

## 理想の寝室

## 寝ている間によい気を取り入れられる空間に

寝室はからだを休める場所であるとともに、新しい気をチャージする場所。寝室に悪い気がこもっていると、寝ている間に悪い気を吸収してしまいます。

睡眠中は頭から気を吸収するので、枕もとはできるだけすっきりさせて。枕もとに香りのよい物を置くと、運気がアップします。

また、寝ている間は大量に汗をかくので、それを吸収した寝具からは悪い気が発生します。週に一度はカバーを洗い、天気のよい日はふとんを外に干しましょう。

和室は寝室におすすめの環境。畳の上に寝るなら、直接布団を敷くのがおすすめです。フローリングの場合は、ベッドがベスト。

### +α 枕は出入り口から見えない位置に

ベッドは壁際に寄せずに置き、頭を壁に寄せるのが吉。また、枕がドアから見える位置にあると、落ち着いた睡眠がとれず、健康運を妨げる原因に。枕の上に窓があるのも、できれば避けて。理想は下の図ような配置です。

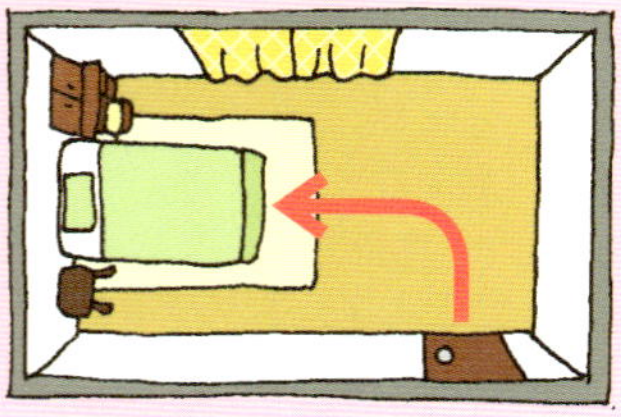

# これはNG! 今すぐやめて! 凶運はそこにある!

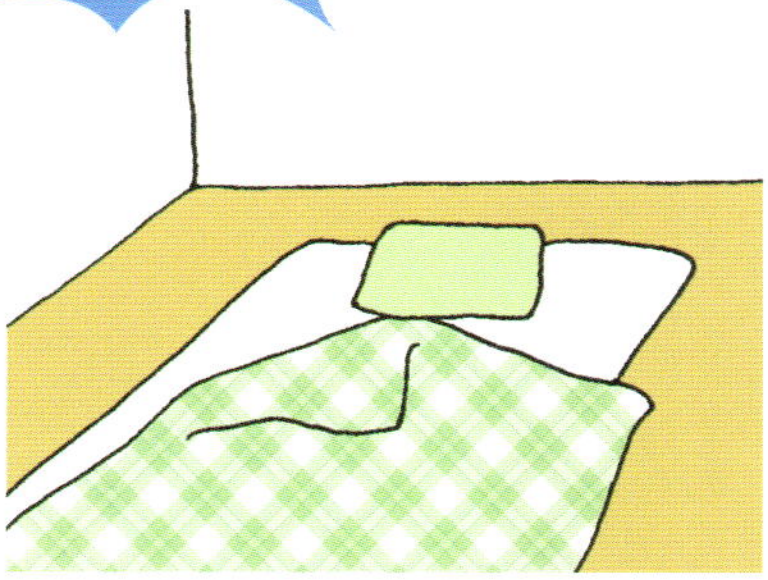

## フローリングに布団を敷いている

風水ではフローリングは地面と同じとされ、そこに直接布団を敷くのはＮＧ。洋室の場合は、ベッドやマットレスの上に寝ましょう。

## ぬいぐるみが枕元にたくさんある

ぬいぐるみや人形は生気を奪うといわれ、寝ている間に活力がダウン。もし置くならお気に入りの一つ程度にしましょう。

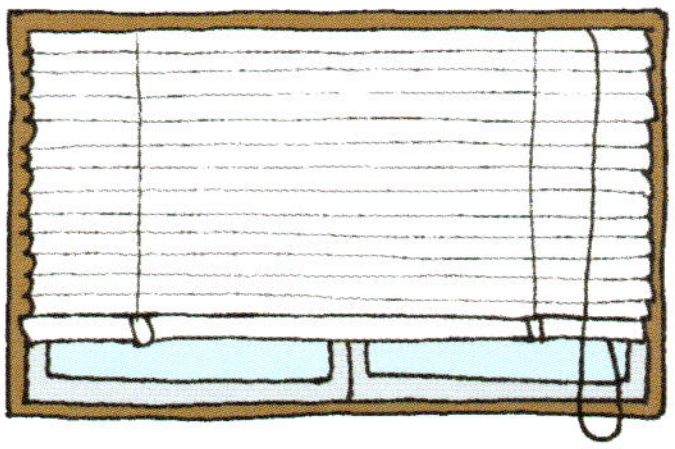

## ブラインドを使っている

ブラインドは光も風も入りにくいので、閉まりっぱなしはＮＧ。夜の間はよいですが、朝にはしっかり開けましょう。

## 鏡に寝ている姿が映る

寝ている間に自分の姿が鏡に映っていると、エネルギーを吸い取られることに。場所を変えられない場合は、カバーをかけて対策を。

## 窓を開けて寝ている

夜の外気は悪い気を含み、窓が開いていると悪い気が部屋に入り込んできやすくなります。寝る前に、窓は必ず閉めましょう。

## ボーダー柄の枕カバーをしている

頭に使用する枕は、脳の働きに関係します。太いボーダー柄は集中力が低下し、考えがまとまりにくくなります。黒い枕カバーもNG。

# 願いごと別開運法 寝室編

## 仕事運UP

### 毎朝ベッドメイキングをする

寝具が一日中、起きたままの状態になっていると朝と夜の切り替えができず、運気の流れがとまりがちに。能力を活かして働きたい人は、朝のベッドメイキングを習慣づけて。

## 仕事運UP

### カーテンと寝具はメリハリを

カーテンはバランスが大事。どちらかが派手めなら、どちらかはシンプルなものに。カーテンの色は53ページ、寝具の色は55ページを参考にしてもよいでしょう。

## 健康運UP

### 北枕に寝る

頭からよい気を入れるとよいとされ、北枕で寝ると、北のもつ健康をもたらすよい気が入ります。良質な睡眠がとれ、子宝運やセックス運もアップ。

## 仕事運UP

### 大きなベッドで寝る

ベッドのサイズは大きいほど、仕事運がアップ！　枕も大きいほうが才能を発揮できます。ただし、狭い部屋に無理して大きなベッドを置くのは逆効果です。

## 家庭運UP

### 枕元にスタンドランプを置く

枕元に白熱灯のスタンドランプを置くと、黄みがかったあたたかい色合いが、気持ちを落ち着かせます。夫婦の寝室なら、夫婦仲もおだやかになり家庭運アップ。

## 美容運UP

### ドレッサーの鏡を磨く

女性が毎日使うドレッサーは、女性の美容運を左右します。鏡がきれいだと、見た目も美しくなります。鏡はピカピカに磨き、化粧グッズは清潔感のある色に。

Column

## 開運メイク

風水ではメイクをした方が運気が上がります。
とはいえ、毎日同じメイクではダメ。
その日のTPOに合わせてメイクを変えることが、運を味方につける方法です。
日中と夜とで雰囲気を変えると、女性らしさがアップします。

恋UP!

**やわらかいイメージに**

まゆはなだらかなアーチ型にし、チークを丸く入れて。メイクはピンク系でまとめましょう。

仕UP!

**ブラウンを基調にすっきりと**

まゆに山をつけ、ブラウン系のアイシャドーで信頼度アップ。耳もとすっきりが、できる女の秘訣。

人UP!

**誰からも好かれるピンクベージュで**

ピンクベージュのグロスを多めにつけ、寒色系のアイシャドウを使うと好感度アップ。活動的な髪型が吉。

金UP!

**キラキラメイクでゴージャスに**

ラメやパールなどのキラキラメイクが金運アップに吉。髪は耳にかけて。光るアクセサリーもGood。

# 玄関

家の中に入ってくる運気は、玄関で決まります。
つねに明るく清潔な状態を保ちましょう。

## 理想の玄関

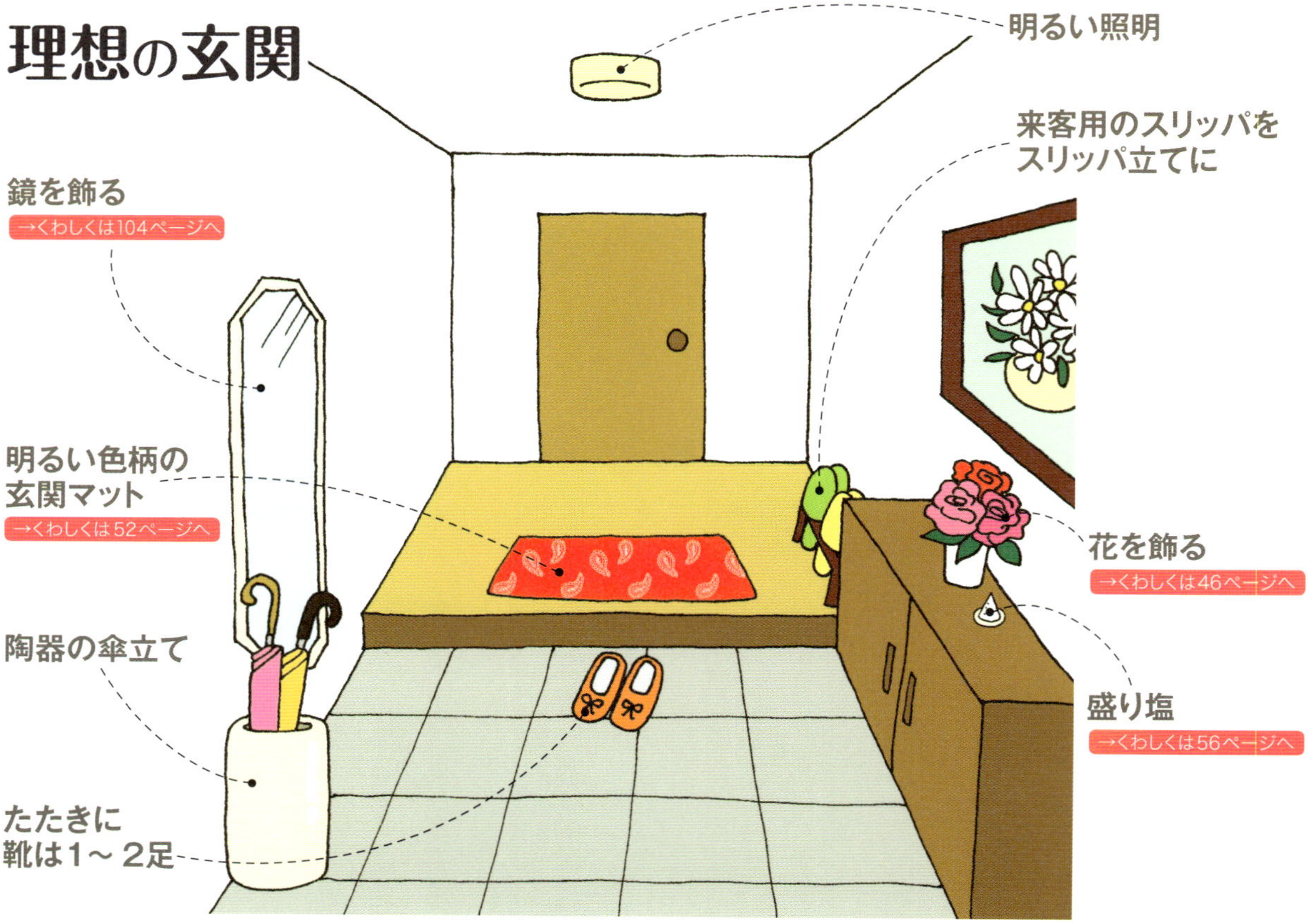


## よい気をお客様として出迎える気持ちで

玄関は気の出入り口。よい気を室内へ引き寄せることは、お客様を迎え入れることと同じと考えて。明るくきれいな玄関で出迎えれば、よい気も積極的に家の中に入ってきます。

土やホコリで汚れていたり、物がごちゃごちゃ置いてあったりすると、よい気が入ってきづらくなるばかりか、悪い気が入り込んできてしまいます。

玄関は花や鏡を飾ってとにかく華やかにすること。絵を飾る場合は、風景画や花の絵がおすすめです。照明をより明るくしたい場合は、テーブルランプを置く方法もあります。

たたきに出す靴は、その日履いた靴プラス一足までにして、靴箱へ片づけましょう。

### +α たたきはまめに水拭きする

玄関掃除でもっとも注目したい場所は、たたき。たたきが汚れていると、悪い気がたまりやすくなります。週に一度は、白い布で水拭きをしましょう。帰ってきたときに清潔な玄関だと、気持ちがいいものです。

# これはNG! 今すぐやめて！　凶運はそこにある！

## ドライフラワーを飾る

ドライフラワーやポプリは、花とはいっても生きた花ではないため、運気ダウンにつながるので避けましょう。

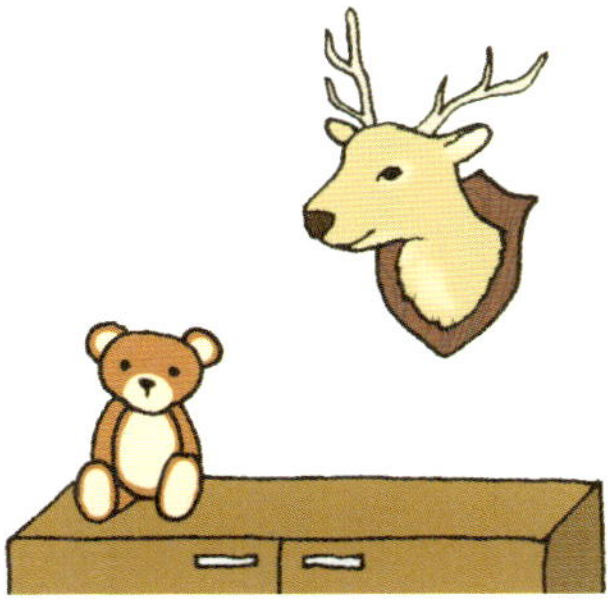

## ぬいぐるみや剥製を飾る

ぬいぐるみや剥製は生気を吸い取ってしまいます。とくに剥製は死んだもの。全ての運気を失ってしまうので玄関には置かないで。

## 壊れた傘や古い傘がある

壊れたものや古いものが置いてあると、よい気が逃げて不幸を招きます。濡れたままの傘もNG。外で必ず水滴を払ってから傘立てへ。

## 靴箱に関係ないものをしまう

靴箱にはかばんなど、関係ないものを入れると、仕事運が乱れがちに。必ず汚れを落としてから収納しましょう。

## ゴミ袋や段ボールを置いている

ゴミ置き場へ出す前のゴミ袋を保管をするのは、絶対にやめて。ゴミは悪い気を引き寄せてしまいます。

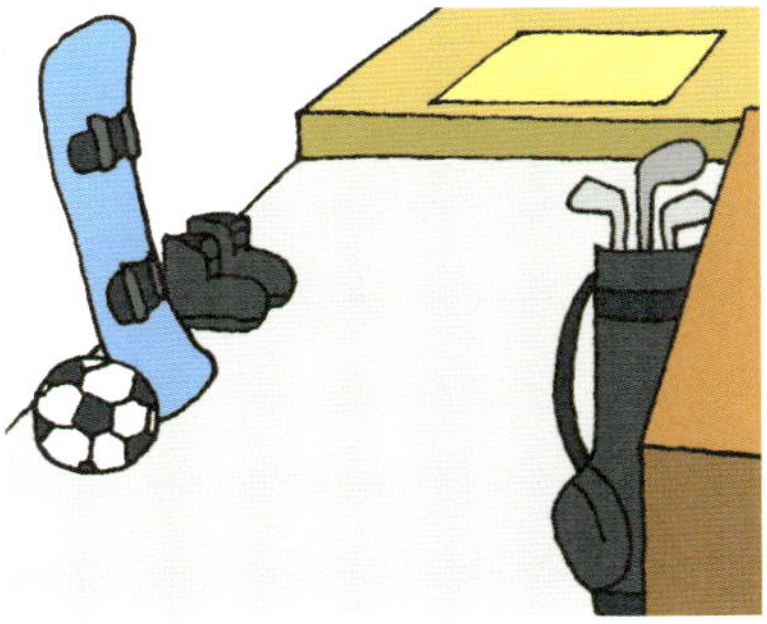

## レジャー用品を置く

玄関にゴルフバッグやスノーボードなどのレジャー用品を置いていると、仕事より遊びを優先しがちに。指定の場所に収納を。

# 願いごと別開運法 玄関編

## 仕事運UP

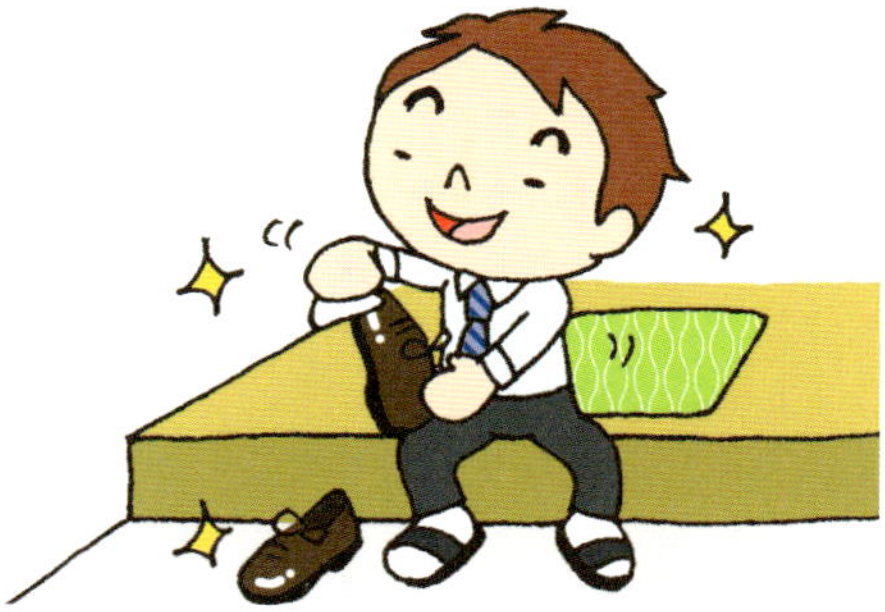

### 仕事に履いて行く靴を磨く

靴は仕事運に影響するアイテム。とくに大切な仕事がある日は、出かける前に靴をピカピカに磨いて。ポイントは、成功をイメージしながら自分で磨くこと！

## 仕事運UP

### 表札をつける

自分が住んでいることを証明するため、表札をつけることは基本。表札がない家は人が住んでいないと見なされ、よい気が入ってきません。名字だけでよいので、表札はつけること。

## 金運UP

### クリスタルのキーホルダーをつける

玄関の鍵にクリスタルのキーホルダーをつけましょう。キラキラしたものは金運を招きます。また、鍵の置き場所は指定の場所を決めておくことで運気がアップします。

## 金運UP

### 馬蹄の置物を置く

馬蹄はあらゆる運気を招く万能なアイテム。ゴールドの馬蹄の置物を玄関に置けば、金運がアップします。馬蹄モチーフのアクセサリーを身につけても効果あり。

## 健康運UP

### 赤い玄関マットを敷く

玄関マットは、厄除けの効果があります。華やかであたたかみのある色がおすすめ。赤い玄関マットは活力をアップする効果が。ペイズリー柄や花柄はとくにおすすめです。

## 人間関係運UP

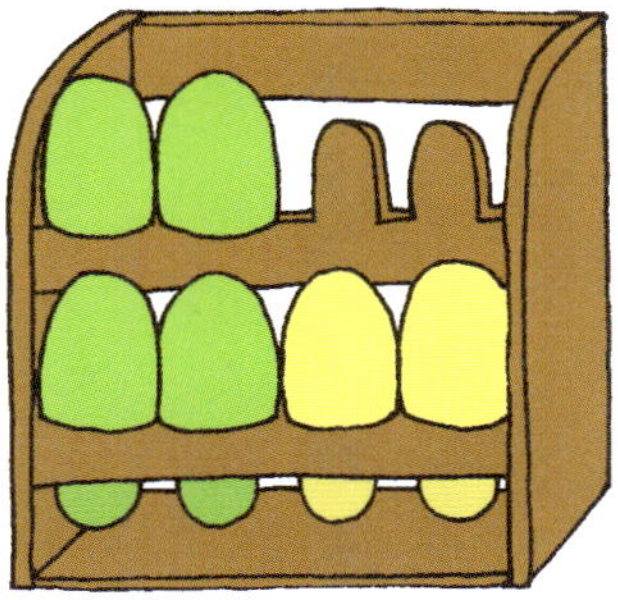

### 来客用のスリッパを用意する

家族の人数分よりも多めにスリッパを用意しておくと、人が集まる家になり、出会いのチャンスも増えます。やや高級感のあるものが吉。こまめに洗って清潔を保ちましょう。

## 家庭運UP

### 「ただいま」を言う

あいさつは、自分自身からよい気を発生させる行動。「ただいま」は無事に帰ってこられたことへの感謝と安心の気持ちを表し、家庭運がアップ。出かける前も「いってきます」を！

## 恋愛運UP

### ピンクや花柄の傘を使う

傘そのものが、良縁を呼ぶアイテム。ピンクや花柄のものなら、パワーもさらに強力に。また、ビニール傘などの安っぽいものでなく、質のよい傘を使いましょう。

# トイレ

トイレは健康運と深く関わります。
悪い気がたまりやすい場所なので、浄化を心がけましょう。

## 悪い気をためないように換気を心がけて

トイレの換気がよくないと、悪い気や臭いがこもり、室内のものすべてに悪い気が移ってしまいます。

とくに紙は、気を吸う力が強いので要注意。トイレに写真を貼った場合、そこに写っている人との関係を悪化させることにもなりかねません。

窓がないトイレなら、消臭アイテムとして植物や炭を利用するのもおすすめ。または換気扇を長めにまわすようにしましょう。

## 開運トイレの基本は明るさとあたたかさ

悪い気を招きやすいトイレは、とにかく明るくすること。ファブリックはパステルカラーがおすすめです。また、寒いトイレは健康運に悪影響が出ます。女性なら婦人科系のトラブルや、冷え症の原因になることも。温熱便座など、トイレ用の暖房器具を取り入れてもよいでしょう。

ただし、いくら居心地がよくても長居は避けて。トイレはあくまでも排泄の場所です。体に悪い気がついてしまう前に、すみやかに退室しましょう。

# これはNG! 今すぐやめて! 凶運はそこにある!

### 便器のふたが開けっぱなし

排泄後は便器のふたを閉めること。便器の中から発生する悪い気が室内に広がるのを防ぎます。退室後も、ドアは必ず閉めましょう。

### 本棚がある

トイレにもち込まれた本は、トイレの悪い気を吸収してしまいます。トイレに長時間置かれた本そのものが、悪い気の発生源に。

### トイレットペーパーの買いだめ

欲張って、必要以上に物を買いだめるのは、自分さえよければいいという気持ちの表れです。習慣になると、協調性のないに人間に。

### 床にトイレットペーパーを置く

床にむき出しのトイレットペーパーが積んであると、人間関係に悩むことに。トイレットペーパーは見えない場所に収納を。

### ドアにカレンダーを貼っている

ドアに何かを貼っていると、トイレによい気が入らず、チャンスを逃しがちになります。ポスターや写真を貼るのも避けて。

### トイレでメールをする

トイレは排泄をするための場所。排泄以外のことをすると、運気が下がります。メールをした相手との関係も、不仲になることに。

# 願いごと別開運法　トイレ編

## 仕事運UP

### 空気清浄機や炭を置く

空気が浄化されたきれいなトイレは集中力がアップ。空気清浄機はトイレにおすすめの家電です。または炭でもＯＫ。観葉植物の鉢にさりげなくしのばせておくのもよいでしょう。

## 恋愛運UP

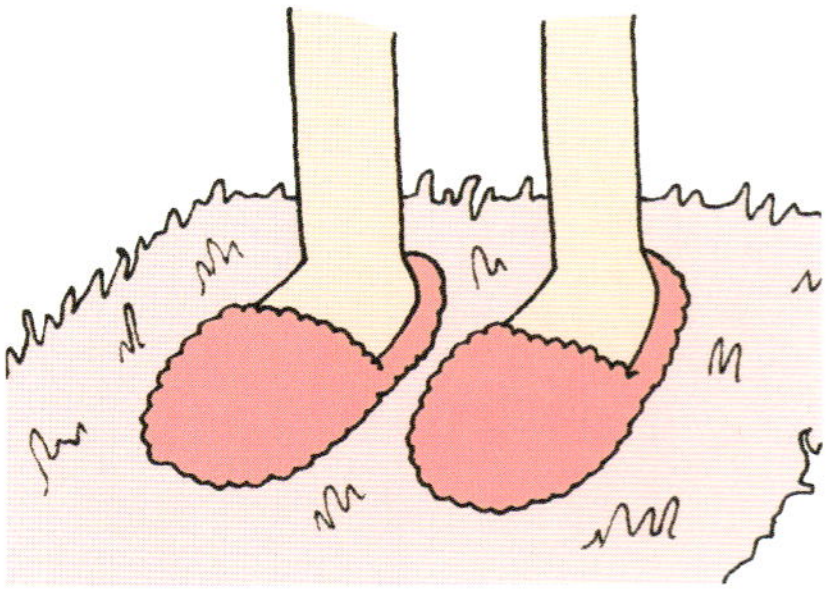

### 毛足の長い専用マットを敷く

毛足の長い素材は、悪い気がトイレの床から体に入るのを防ぐ効果が高いとされています。また、トイレには必ず専用のスリッパを置きましょう。買い替えは半年を目途に。

## 金運UP

### ファブリックを黄色にする

便座のカバー、マット、スリッパ、タオルなどは統一感をもたせるのが吉。金運には黄色、健康運にはアイボリー、人間関係運にはオレンジ、恋愛運にはピンクがおすすめです。

明るいパステルカラーがよく、黒や紺などの暗い色は、悪い気の発生を加速することに。

方位に合わせたラッキーカラー(→52ページ参照)を使ってもよいでしょう。

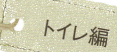

## 健康運UP

### ラベンダーの香りを置く

臭いがこもるトイレは、空気の浄化が大切。ラベンダーの香りは悪い気を清める強力なパワーがあります。実際のラベンダーがなければ、アロマや芳香剤を使ってもOK。

## 健康運UP

### タンクの水たまり部分を清潔にする

便器の掃除だけでなく、水たまり部分も水あかがたまるので忘れずに掃除を。汚れは運気ダウンにつながります。飾りを置くのもOKですが、手入れは怠らないようにしましょう。

## 健康運UP Good! 実例集

### シンプルなトイレ

派手な柄やごちゃごちゃした装飾は、気のバランスを乱す原因に。トイレは白を基調に、クリーンな環境を心がけて。物は極力置かないこと！

## 美容運UP

### 毎日掃除する

昔から「トイレを掃除すると美人になる」といわれ、美容運がアップします。掃除をするなら朝が吉。健康美は清潔なトイレにありです。積極的に行いましょう。

# 洗面所

洗面所は美容運に大きく影響するところ。
魅力的な女性を目指すなら、まずは洗面所をチェックしましょう。

## 理想の洗面所

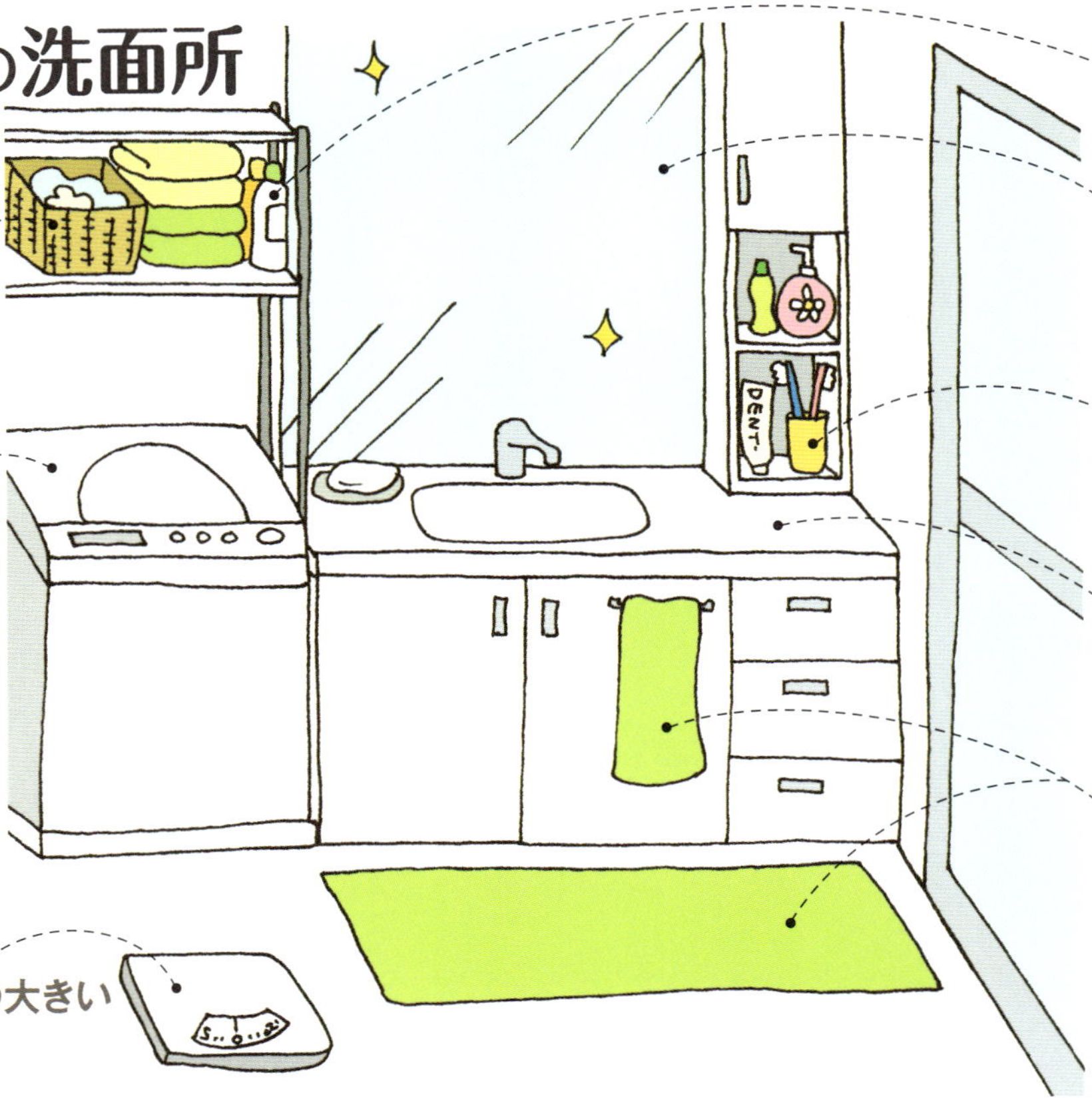
洗濯用洗剤などは
ラックに収納を
ピカピカに
磨かれた鏡
歯ブラシは
陶器の容器に
水滴の残って
いない洗面台
清潔なタオルと
バスマット。
ラッキーカラーも◎
籐製の
洗濯かご
洗濯機は
白が吉
文字盤の大きい
体重計

→くわしくは52ページへ

## 洗面台の使用後は水気を拭き取り清潔に

手洗い、うがい、歯磨き、洗顔などで、汚れたものが流れる洗面所は、油断をするとすぐに悪い気がたまってしまいます。

洗面台に水あかがついていたり、髪の毛がついたままの状態では最悪です。ふだんから汚れをためないようにし、使用後は水気をさっと拭きとることを習慣にしましょう。

とくに美容運に影響が大きく、洗面所を清潔にし、よい気を保っている家の女性は、いつまでも魅力的でいられる傾向があります。

洗面台のまわりに置くものは、歯ブラシと洗顔料、ハンドソープ程度に。化粧品はむき出しにせずに棚や引き出しに、タオルなどは、きちんと整頓して収納しましょう。

### +α 収納グッズは籐製のものを

ブラシやヘアケア用品など、小物がどうしても多くなりがちな洗面所。収納するものは、最低限必要なものだけにしましょう。それでも収納スペースが足りない場合は、籐製のかごなどを使って。プラスチックのケースは水まわりとの相性が悪いので避けましょう。

# これはNG! 今すぐやめて！　凶運はそこにある！

### 使いかけの化粧品がたまっている

古くて使わなくなった化粧品は不衛生。また、古い不要品は老化を早めるといわれます。いつまでも置いておくのはやめましょう。

### 洗面所でメイクする

洗面所で立ったままメイクをする女性は、美容の気が身につかない傾向が。メイクは座りながら落ち着いてできる、自分の部屋で。

### カミソリを洗面台に置いている

カミソリやはさみなど、刃ものが目に見えるところにあると、人との縁が切れやすくなります。引き出しなどに収納しましょう。

### ドライヤーが出しっぱなし

ドライヤーは火の気を持ち、水まわりとの相性が悪いアイテム。使用後は、必ず片づけるようにしましょう。

### 洗濯に残り湯を使う

残り湯での洗濯は、厄を含んだ汚水で洗うようなもの。もし使うなら、最後のすすぎだけは新しい水を使いましょう。

### 洗濯物がかごからはみ出している

汚れたものがかごからはみ出していると、悪い気が発生しやすく、見た目にもNG。かごはふた付きがベスト。ため込む前に洗濯を。

# 願いごと別開運法 洗面所編

## 美容運UP

### 鏡をピカピカに磨く

毎日顔を見る洗面所の鏡をピカピカに磨いておくと、そこに映る人の美しさがアップ。とくに女性は美肌が期待できます。自分自身を磨くことにもつながるので毎日でも磨いて。

## 人間関係運UP

### 歯をきれいに磨く

人からの好感度を上げたい場合は、歯をきれいに磨きましょう。口の中がきれいであれば、よい気が口から入ってきます。また、白い歯の輝きは金運も招くことも。

## 健康運UP

### 赤い体重計を置く

体重計は風水的によい気をもつアイテム。健康運アップには欠かせません。ダイエットを持続させたいなら、赤くて文字盤の大きい体重計がおすすめ。南の方角に置くと吉。

## 仕事運UP

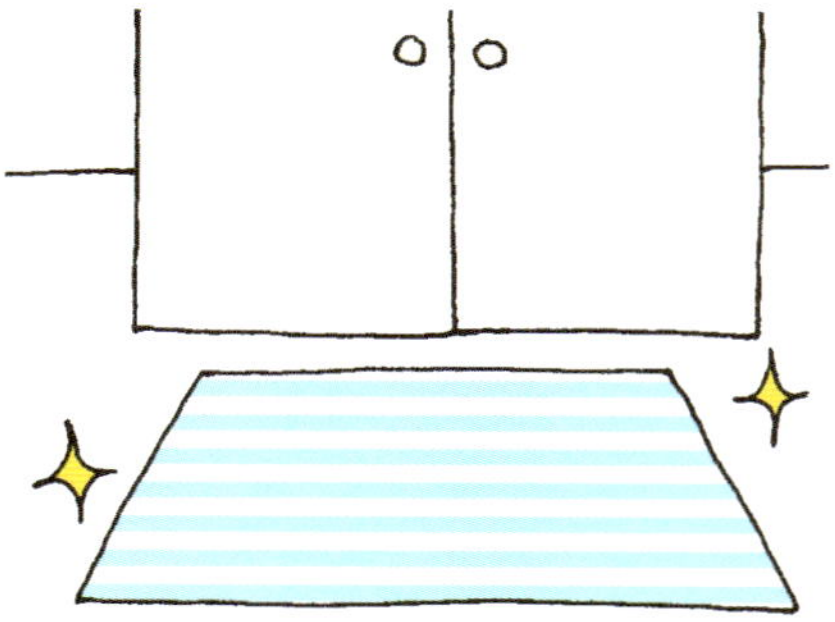

### 清潔なバスマットを敷く

つぼ押しでも知られる足の裏は、隠れた気の出入り口。足の裏が接する部分を清潔にしておくと、仕事運がアップします。バスマットは定期的に洗いましょう。

Column

# ユニットバス開運術

湿気がこもりやすいユニットバスは、風水的に凶。
ここで紹介する対策を実行すれば、ユニットバスもこわくありません!

## 湿気対策を徹底し、植物で気の流れをよくする

ひとり暮らしの家に多いユニットバスは、狭いうえに湿気でカビが生えやすく、悪い気が発生しやすいため、風水的には避けたいスタイルです。

一番の対策は窓を開けての換気ですが、窓がない場合は長めに換気扇をまわすこと。使用後の浴槽はすぐにお湯を抜き、軽くすすぎましょう。

スペースがあれば、気の流れをよくするために、花や観葉植物を置いてもよいでしょう。ラベンダーなど、浄化作用のある種類がおすすめです。

### シャワーカーテンのお悩み解決!

ユニットバスに欠かせないシャワーカーテンは、濡れたままの状態で放置されることが多いので、カビが発生しやすいアイテム。週に一度はていねいに手入れをしましょう。防カビ性のシャワーカーテンも売っているのでおすすめです。

または、高い物でなくてもよいので、こまめに買い替えるのもよいでしょう。

部屋別
インテリアで
運気アップ

# バスルーム

バスルームは体についた厄を落とす場所。
快適なバスタイムで、運気をアップしましょう。

## 理想のバスルーム

## 「入浴＝厄落とし」使用後はすぐに換気を

バスルームは、換気を怠ると湯気で湿気やカビが発生し、悪い気がこもる場所。入浴は体についた一日の厄を落とす行為です。バスルームが清潔でよい気に満ちていないと、厄を落とし切ることができません。窓があれば使用後は開け、ない場合は換気扇を長めにまわしたり、植物を置いたりして空気の入れ替えを心がけて。バスルームの環境がよい家は、夫婦仲もずっと睦まじくいられるといわれています。

さらに、バスタイムを楽しめば健康運、美容運がアップ。ごちゃごちゃと物を置くのはよくありませんが、植物やバスタイムが楽しくなるようなアイテムを取り入れて、快適なバスタイムを過ごしましょう。

### ＋α バスグッズはときどき除菌を

湿気がこもると、バスグッズにもカビが発生しやすくなります。カビや汚れは美容運、健康運ダウンにつながります。いすや桶、浴槽のふたなどは、定期的に除菌をするとよいでしょう。

# これはNG! 今すぐやめて! 凶運はそこにある!

### 同じバスタオルを2〜3日使う

バスタオルでからだを拭く行為は、「入浴＝厄落とし」の最後の仕上げ。バスタオルは毎日洗い、清潔なものに取り替えましょう。

### 湯船につからない

いくら楽でもシャワーだけではダメ！　湯船につからないと、厄落としができません。できるだけ湯船につかってリラックスして。

### ごちゃごちゃに物を置いている

掃除グッズやシャンプー類が、乱雑に床に置かれていると運気がダウンします。きちんと種類を分け、ラックなどに収納しましょう。

### 排水口がつまっている

「排水口のつまり＝運気のつまり」といわれ、髪の毛や汚れがつまっているとよい気がやってきません。入浴後にさっと取る習慣を。

### 黒いバス用品を使っている

黒やモノトーンなどの色味のないバス用品は、運気アップを妨げます。明るく、清潔感があるパステルカラーのものを使いましょう。

### 鏡に吸盤フックをつけている

「鏡の美＝自分自身の美」と考えて。鏡のまわりに余計なものがついているのは、汚れがついているのと同じです。

# 願いごと別開運法 バスルーム編

## 恋愛運UP

### ピンクのバスタオルを使う

バスタオルは色柄が豊富。恋愛運を上げたいなら、ピンクのバスタオルを！　欲しい運気によって、色を選んでも（→36ページ参照）。質のよいタオルを使えば、美容運もアップ。

## 恋愛運UP

### フルーツモチーフのバスグッズを使う

恋愛運をアップさせたいなら、実りの象徴であるフルーツのモチーフを取り入れましょう。バスルームやトイレに取り入れると、色気アップも期待できます。フルーツの香りも吉。

## 家庭運UP

### 木製のバスグッズを使う

バスグッズに木製のものを使うと、自然のパワーで家庭運がアップ。とくにヒノキがおすすめです。使用後は底を洗い、斜めに立ててかわかしておきましょう。

## 恋愛運UP

### 髪をかわかしてから寝る

長いものはよい縁を結ぶものとされ、髪をていねいに手入れすると恋愛運がつきます。つやのある健康的な髪は、女性を美しくし、魅力がアップ。寝る前は必ずかわかしましょう。

## 健康運UP

### 防水テレビや防水ラジオを置く

テレビやラジオは入浴を楽しむアイテムとしておすすめ。東にあるお風呂なら、音と相性がいいのでさらに運気を高めてくれます。読書もOK。

## 仕事運UP

### よい香りのせっけんを使う

憂鬱なことがあった日は、よい香りのせっけんを使って。香りのパワーで元気が湧いてきます。気分に合わせて、欲しい運気の香り(→40ページ参照)を選んでも。

## 美容運UP

### シャンプーやリンスの容器を移し替える

シャンプーやリンス類は、買ったままのボトルではなく、陶器などの上質の容器に移し替えれば美容運アップ。ピンクやパステルグリーン、花柄がおすすめです。

## 美容運UP

### 日本酒を入れて入浴する

浄化の作用をもつ日本酒をいれたお湯は、厄落としの効果が上がり、とくに美容運がアップ。美肌が期待できます。コップに1杯程度の量でOK。じっくりつかりましょう。

# 廊下・階段・ロフト

玄関から入った気は、まず廊下、階段を抜けて部屋に入ってきます。
気が通りやすいように、すっきりさせておくことが大切です。

## 理想の廊下・階段

明るい照明
壁紙がはがれていない
階段に
手すりがある
絵や写真を飾る
→くわしくは50ページへ
階段に
足元照明がある
観葉植物を置く
→くわしくは48ページへ
廊下に余計なものが
置かれていない
途中に
おどり場がある

## 廊下と階段は大部分をしめる壁がポイント

玄関からすぐにつながる廊下は、気の最初の通り道。ここが汚れていたり、殺風景だと、気が家の中まで入ってきてくれません。廊下は明るく清潔に。とくに大きな面積をしめる壁は、定期的に拭き掃除を。壁紙がはがれたり、やぶれたりしていないか、ときどきチェックしておきましょう。

階段も同様です。とくに足元は照明をつけて明るくして。安全のため、手すりがついているとベストです。よい気が階上まで通るよう、観葉植物などを置いてもよいでしょう。

## ロフトは部屋には不向き収納スペースに利用して

ロフトは屋根のすぐ下にある部屋のことで、生活するためのスペースではなく、収納として利用するための場所です。

天井が低く屋根に近いため、熱がこもります。暑くなるうえ換気も悪いので、生活するには適していません。寝室として利用する人もいますが、健康を損ねやすくなるので避けたほうがよいでしょう。

ロフトは季節用品など、使用頻度の低いものを置くのに適しています。

## これはNG! 今すぐやめて! 凶運はそこにある!

### 階段にホコリがたまっている

階段はホコリがたまりがち。ホコリがたまっていると、よい気が上階まで届きません。2～3日に一回はぞうきんがけをしましょう。

### 廊下の壁に何も飾っていない

すっきりした廊下がよいとはいっても、壁の面積が広く殺風景な状態では、よい気も入りにくいもの。絵や植物で雰囲気よく。

### 階段の板の間があいている

階段の板の間があいていると、間から気が抜け出て行ってしまい、上階によい気がまわらず運気がダウン。照明などで運気を補って。

### 廊下を荷物置き場にしている

届いた宅配物や大きな荷物を一時的に置くなど、廊下はつい荷物置き場にしがち。気が通りにくくなるので、余計なものは置かないで。

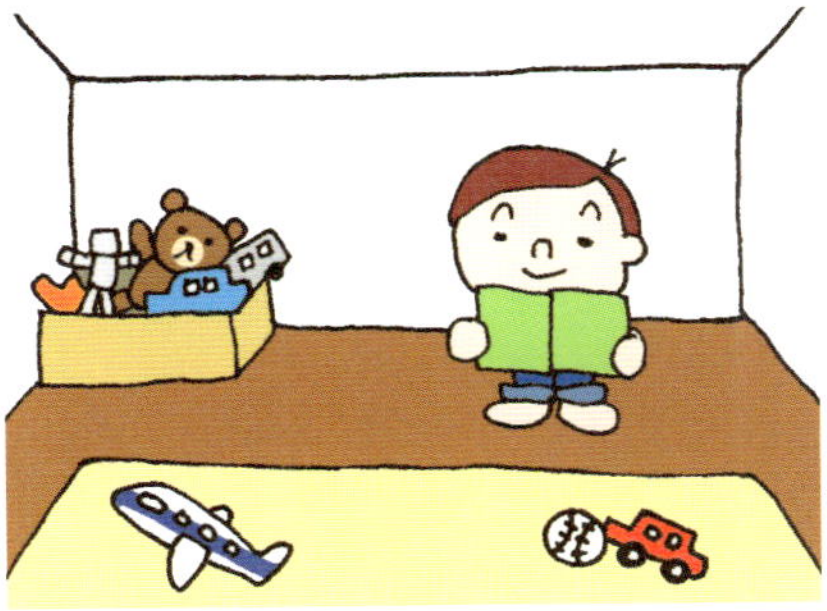

### ロフトを子ども部屋にする

ロフトは荷物を置くための場所。そこを部屋にしてしまうと、その子どもの健やかな成長を妨げることに。

### ロフトで寝ている

ロフトは本来寝るべき床から離れ、中に浮いている状態となるので、地面からの安定の運気が得られません。とくに大人の使用は避けて。

# 子ども部屋

子ども部屋は、子どもの全体運と才能運を左右します。
とくに幼いうちは、親がしっかりと環境を整えてあげましょう。

## 理想の子ども部屋

机の前の壁はすっきりと
明るいスタンドライト
木製の勉強机
通学かばんは直射日光の当たらない場所に
タンスは壁に寄せて置く
木製のベッド
→くわしくは51ページへ

### +α 勉強机はドアが見える位置に

勉強机は子ども部屋のレイアウトの中心となるアイテム。ポイントはドアのほうを向け、窓からの光が差し込む位置に置くこと。ドアに向けて机を置くことで、ドアから入ってくるよい気を受けることができます。また、部屋の北側がもっとも落ち着いて勉強できます。

### 自然素材が吉。その子に合わせた部屋づくりを

子どもは大人より、風水パワーの影響を受けやすいもの。子どもの成長や才能をつぶしてしまうことにならないよう、子ども部屋の環境には、大人がじゅうぶんに注意する必要があります。

家具は木や布などの自然素材を。自然素材がもつ「木」の気が、子どもの成長や自由な発想力を促します。空気の入れ替えはこまめにしましょう。空気清浄機を置くのもおすすめです。

伸ばしたい才能によっても適したインテリアや家具の配置があるので、その子に適した部屋環境を考えましょう。くわしくは94〜95ページで紹介しています。

# これはNG! 今すぐやめて！　凶運はそこにある！

### スチール製の勉強机を使っている

勉強机は自然素材の木製がベスト。スチール製の勉強机は、子どもの集中力を妨げ、何事も長続きしない子になってしまいがち。

### 子どもっぽい壁紙を貼っている

子どもっぽい柄や派手な壁紙は、落ち着きがなく、集中力が育ちにくくなってしまいます。シンプルなものを選びましょう。

### 賞状やトロフィーが汚れている

子どもの賞状やトロフィーは、先生やコーチとの良縁を引き寄せます。ホコリがたまっていては逆効果なので、まめに掃除を。

### カラーボックスに勉強道具を入れる

カラーボックスは本来本棚ではないので、大切な本や勉強道具の収納として使うと、運気を下げることに。マンガや絵本ならOK。

### 床におもちゃが散らかっている

おもちゃが見えるところにあると、落ち着かず、勉強も手につきません。使ったら片づけることを習慣づけましょう。

### 勉強道具をかばんに入れっぱなし

教科書やノートは帰ってきたらかばんから出して、所定の場所に収納しましょう。勉強道具を大切に扱うことで、学習能力がアップ。

# 願いごと別開運法

## 子ども部屋編

### 勉強の成績を上げたい

**勉強机は北か東北に**
**枕は北か東向きに**

勉強運アップは、机の位置が決め手。北に置くのがベストです。置けない場合は東北でもOK。枕は北か東向きにすると、集中力が高まります。カーテンの柄は、やる気をアップさせる葉のモチーフがおすすめ。受験生の場合は、赤くて大きな目覚まし時計が吉。

北

西

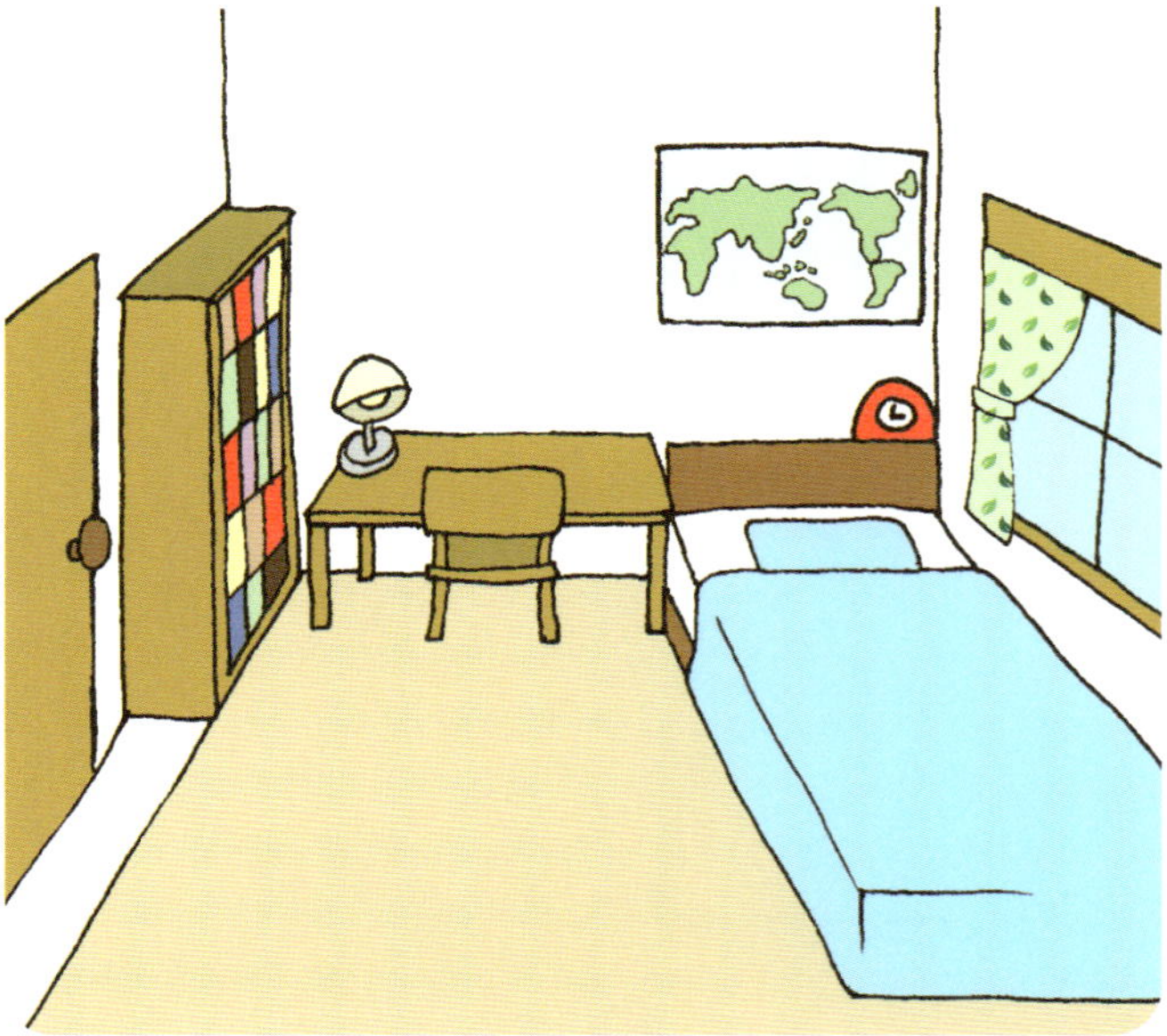

東

南

---

### 音楽の才能を伸ばしたい

**楽器などは東に置き、**
**音楽に親しめる部屋づくりを**

音楽に触れる時間を増やすため、楽器はなるべく子ども部屋に置いて。楽器やCDプレーヤー、音の出るものは東が吉です。ただし、楽器は直射日光が当たらない場所に。趣味で楽しむ程度なら、東南に置いてもよいでしょう。目標とする人のポスターを貼っても。

北

西

東

南

## スポーツでいい結果を出したい

### 東枕でエネルギーチャージ！スポーツ用品は大切に扱って

スポーツで輝く子どもを育てるには、東向きの枕が吉。東のもつ発展の気で、活発な子どもに。机は南に置くと、才能が発揮できるでしょう。スポーツ用品は乱雑に置かないこと。大切に扱うことで、運気をアップさせます。もらった賞状やトロフィーも、大切に飾って。

## 美術的センスを養いたい

### 南のベッドで寝ることで美的感覚をアップ

絵画やファッション関係など、美に関係する才能を高めたいなら、南にベッドを置きましょう。南で寝ることで、美的センスや発想力がそなわり、また、よい指導者にも恵まれます。子どもの頃から、色に触れさせて色彩感覚を養うことも大切。カーテンや寝具はカラフルに。

# 収納スペース

**クローゼットや押し入れ、タンスの収納は、貯蓄運を左右します。
いらないものは捨てて、収納スペースによい気を呼び込みましょう。**

## 理想の収納スペース

帽子とかばんは
上段に収納する
木製や籐製の
収納家具
→くわしくは51ページへ
アイテムごとに
そろえて掛ける
季節家電は
通気性のよい
素材のもので
くるむ
ゆとりある収納
除湿剤を
置く

## 不要なものはなくし ゆとりある収納を心がけて

いくら外から見えないといっても油断は禁物。収納スペースが整理整頓されていないと、そこに悪い気がたまってしまいます。どこに何があるのかが、いつでもわかりやすくなっている状態にしておきましょう。

収納はゆとりをもつことが大事。ゆとりのある収納スペースには、良縁やチャンスなど、さまざまな運気が集まってきます。とくにお金に関する貯蓄運には影響大。つめ込み過ぎの収納は、運気を下げるのでやめましょう。

ただし、むやみに収納ダンスを買い足したり、大きな収納ダンスを置くのはNG。大き過ぎる家具は部屋が息苦しい印象になり、健康運がダウン。適切なサイズを選びましょう。

### +α 除湿剤は こまめに取り替えて

収納スペースは、必ず除湿剤などを置いて湿気対策を。古い物や衣類などから発生する湿気からは、悪い気が発生します。除湿剤などは定期的にチェックし、こまめに取り替えるようにしましょう。また、浄化作用をもつ炭を置くのもおすすめです。

# これはNG! 今すぐやめて！　凶運はそこにある！

### 3年以上着ていない服がある

使わずに古くなったものには、悪い気が発生します。一緒に収納している新しい服のよい気まで失ってしまうことに。潔く捨てて！

### 段ボールを収納に使っている

湿気を吸う段ボールは悪い気を集め、そこに収納されたものにも影響が。収納にはしっかりした形のものを使いましょう。

### クリーニングの袋をかぶったまま

クリーニング後のビニール袋はすぐに外して。湿気がこもり、カビの原因に。せっかくきれいになった服のよい気を失ってしまいます。

### 夏服と冬服が整理されていない

季節感の異なるものが一緒に収納されていると、気が乱れて運気が安定しません。ミスも多くなりがちに。きっちり分けて収納して。

### 寝具を下段に収納している

下段は湿気がこもりやすいため、寝具の収納には不向き。もしも下段にしまうしかない場合は、除湿剤を置きましょう。

### 季節家電をビニールでくるむ

電化製品は五行でいう「金」の気をもつので、ビニールとの相性がよくありません。お金が貯まらなくなり、家庭内も不仲になりがち。

# 願いごと別開運法 収納スペース編

## 仕事運UP

### ネクタイを吊るして収納する

ネクタイは、男性の仕事運を左右します。ネクタイを吊るして収納すると、積極的になり行動力がアップ。ただし、何本も重ねるのは逆効果。１本ずつ見えるように収納を。

## 仕事運UP

### ベルトを巻いて収納する

ベルトは丸く巻いて、ていねいに収納しましょう。ベルトは腰に巻くもの。「腰＝からだの土台」なので、腰に巻くベルトを大切に扱うと、仕事運が安定します。

## 恋愛運UP

### 香りグッズを一緒に入れる

よい香りは良縁を引き寄せます。収納するときに、せっけんなどの香りグッズを一緒に入れてみて。さりげなく香らせることがポイントです。

## 金運UP

### アクセサリーを大切に保管する

キラキラのアクセサリーは金運を招くアイテム。チェーンがからまっていたり、さびていては逆効果。使用後はジュエリーケースなどで種別にわかりやすく、大切に保管しましょう。

## 美容運UP

### 古いファッション雑誌を捨てる

読まなくなったファッション雑誌をいつまでも保管していると、美容運がダウン。流行していないものには、悪い気がつきます。購読している雑誌類は定期的に整理して。

## 人間関係運UP

### 靴下をセットにして収納する

靴下は左右１足をセットにして収納すると、人から孤立せず、周囲の人との関係がうまくいきます。古くなった靴下や、穴のあいた靴下を履いていると運気が下がるので注意。

## 健康運UP

### 下着を最上段に収納する

毎日身につける下着は最上段がおすすめ。もっとも大切なものは上段に収納するとよいとされるため、下着を大切に扱うことにつながり、健康運がアップ。

## 家庭運UP

### 下着をきれいにたたむ

直接肌に触れるので、下着のもつ気は、身につける人にダイレクトに影響します。下着をていねいにたたむことで愛情のパワーがこもり、家庭運がアップ。

# 毎日やりたい生活習慣

気がスムーズに流れ、よい気を取り込むには、よい生活習慣を身につけることが大切。ちょっとした習慣で、運気はぐんとアップします。

## 1 こまめに掃除をする

風水では清潔が基本。掃除をすることで厄を払い、幸運を呼び込みます。たまに大掃除をするのではなく、こまめにすることが大切です。汚れやホコリがたまると気がよどみ、そこから悪い気が発生してしまい悪循環に。毎日でも掃除をして、どんどんよい気を取り込みましょう。

## 2 整理整頓をする

物を出しっぱなしにしていたり、乱雑に収納されたりしていると、運気がダウンします。室内によい気を取り込むには、整理整頓を心がけることが大切。物をきちんと片づけ、誰が見てもわかりやすい収納を心がけましょう。定期的にチェックして不要なものは処分しましょう。

## 3 窓を開けて換気する

家の中が湿気でじめじめとしていたり、空気がよどんでいたり、悪臭がしていたりすると、気もよどんでしまいます。窓を開けて外からの新鮮な空気を取り込み、気の流れをスムーズにしましょう。

とくに朝は朝のパワーが取り入れられるので、5分でもよいので窓を開けましょう。

## 4 室内を明るくする

風水では、明るい場所にはよい気がやってくるとされています。どの部屋も自然光が入る窓があることが理想的。日中はカーテンを開けて、日の光を取り入れて。

窓がなければ、壁紙やインテリアを明るい色にしたり、照明を明るくしたりすることで工夫しましょう。

# 朝昼夜やりたい時間の活用法

一日のなかでも、時間帯がもつパワーは異なります。それぞれの時間がもつパワーを上手に利用して、運を味方につけましょう。

## 朝 やりたい

朝日が差し込む午前中は、発展の気が満ちあふれています。午前中は余裕をもった行動を習慣づけて。

### 花や観葉植物の手入れをする

発展の気が強いので、花びんの水の入れ替えや植物の水やりは、朝行うのが吉。植物が元気になると、家の中の運気もアップします。枯れた花びらや葉を取り除くのも忘れないで。

### 銀行に行く

お金に関することは朝がおすすめ。とくに大きなお金を動かす場合は、冷静な判断ができるため、朝のうちに行うとよいでしょう。公共料金の支払いなども、朝が吉。

### 仲直りのことばを伝える

朝は冷静に物ごとを考えられる時間なので、前日の夜にけんかをしてしまった場合も、素直な気持ちで謝れます。お互いに前向きな気持ちになっているので、仲直りもスムーズ。

### ジョギングや散歩をする

朝に運動することで、やる気を起こす発展の気を体内に取り入れることができます。ストレッチや体操をするだけでもOK。活気ある一日をスタートさせましょう！

Daytime

# 昼

太陽がもっとも高く上がる正午前後は、
仕事が一番はかどる時間。
人と関わることは、午後に行うとスムーズ。

## やりたい

### ミーティングや会議をする

ひらめきやアイデアがさえ、クリエイティブの能力が高まります。脳の働きが活発になるので、企画会議など意見を出し合う内容は、ランチ後の午後いちばんに行うのがベスト。

### 午後いちばんに営業まわりをする

人と関わる仕事は、コミュニケーション能力が高まる、午後に行うと運気がアップ。事務的な会話になりがちな午前中より、自然と会話が弾みます。いつも敬遠されがちの営業先にも足を運んでみて。

### 昼食の時間をきちんととる

食べることはエネルギーを補充するための基本。仕事の合間も、昼食の時間はきちんととりましょう。どんなに忙しくても、5分でよいので気持ちを切り替えることが大切です。

### ショッピングをする

休日は、ふだんできないショッピングを楽しむのもおすすめ。午後はセンスや判断力がさえるので、上手な買い物ができる時間帯です。ただし金額の大きな買い物は、冷静な午前中がいいかも。

Night

# 夜 やりたい

夜は感情が盛り上がり、
心の奥底にある感情のコミュニケーションができます。
相手と親密になれる時間です。

## 友達とおしゃべりを楽しむ

より仲良くなりたい友達と会ったり、恋人とデートをしたりすると、相手との仲を深められます。本音を語り合える時間なので、少し重たい内容の相談や親密な話は、夜にするとよいでしょう。

## デートのお誘いメールをする

夜はもっとも感情が盛り上がる時間。相手の心をゆさぶりたいなら、夜にメールをしてみて。日中には照れくさくて言えない言葉も素直に伝えられるはずです。愛の告白も成功するかも?!

## 家族だんらんの時間を過ごす

家族全員が集まれる休日などは、夕飯を囲み、家族とのだんらんや会話を楽しみましょう。コミュニケーションが増え、家族との仲を深められます。たまには家族で外食に出かけるのもおすすめ。

## 恋愛ものの小説やDVDを楽しむ

感情が敏感になる夜は、恋愛小説や泣ける映画などを見ると、感動もひとしお。日中よりも、どっぷりとその世界に浸ることができます。部屋を暗くして映画館気分でDVDを楽しんでも。

# 鏡の飾り方と選び方

**鏡は、だれでも取り入れられる風水アイテム。どこの家にも一つは必ずあるものです。鏡を上手に飾って、幸運を呼び寄せましょう。**

## 強いパワーをもつ鏡。ピカピカに磨いてよい気を発するようにして

幸運を運ぶ風水アイテムの一つである鏡は、昔から尊いものとして大切にされてきました。神社にご神鏡が祀られていることや古墳から銅鏡が出土することからも、鏡が尊いものとされていることがうかがえます。鏡は、とても強いエネルギーをもち、気を取り込む力と気を発する力が強いアイテム。この鏡を上手に取り入れて、幸運を呼び寄せましょう。

鏡でよい気を呼ぶには、いつもピカピカに磨いておくことが大切。汚れていると、悪い気を発するようになってしまいます。汚れやすい浴室や洗面所の鏡は、とくにきれいに磨きましょう。

いくら強いパワーをもっているからといって、たくさん飾るのはＮＧ。狭い部屋を鏡だらけにしてしまうと、せっかくのよい気も反射し合うだけに。寝室の鏡も注意して。寝姿が映る位置にあると、寝ている間に鏡の中の自分に気を吸い取られてしまいます。眠るときには布をかけるなどの配慮をしましょう。

## どんな形がいい？

### 八角形がベスト。丸か楕円も吉

風水では、八角形が万物の象徴で、一番エネルギーが強い形とされています。鏡も八角形が開運の形としておすすめ。角のない丸や楕円の鏡もよいでしょう。神社に祀られるご神鏡も丸い形です。四角い形の鏡は、鋭い角が気の流れを切ってしまうのでなるべく避けて。また、金運を上げたいのなら、フレームの色は金色か黄色にしましょう。

## どこに飾る？

### 大きな気が流れる玄関が効果的

大きな気の入り口である玄関に飾るのが効果的。家の主人の顔が映る高さが理想です。玄関に入って、右に飾ると人間関係運が、左に飾ると金運が上がるとされています。左右両方に飾るなら、少しずらして。合わせ鏡にすると、運気が反射し合うだけで効果が得られません。玄関の正面に飾ると、せっかく入ってきたよい気をはね返してしまうので気をつけましょう。

# 4章

# 幸せになる間取り21

シングルライフスタイルと、ファミリーライフスタイルの、
それぞれのパターンで、運気を上げる間取りのポイントを紹介。

＼これだけは知っておきたい！／

# 家と間取りの吉凶の見方

**風水では、間取りやそれぞれの部屋の方角によって、その家の吉凶を判断します。まずは知っておきたい基本の知識を身につけておきましょう。**

## 家全体の空気のめぐりがよい間取りが吉

風水では、空気の流れを大切にします。理想的なのは、風通しがよく、家の中の空気が循環しやすい間取り。どの部屋にもまんべんなく新鮮な空気が広がるようなものが、よいとされています。

たとえば、閉め切った部屋から外へ出たとき、新鮮な空気をとても清々しいと感じたことはありませんか？　または窓を開けた瞬間、室内に入ってきた外の空気に、頭がすっきりするような感覚を味わったことがありませんか？　窓がなく空気の入れ替えがまったくできない部屋は、臭いやホコリがこもり、だんだんと空気がよどんできます。風水では新鮮な空気が室内に入ってこない、または家全体に行き届かない間取りが、「居心地の悪い家＝凶」とされています。

そこでポイントとなるのは、空気の出入り口である玄関と窓の位置。ただあればよいというものではなく、どの部屋であっても、空気の流れがよくなる位置にあることが理想です。左の二つの図は、新鮮な空気が室内にまわらないので、よくないとされている例です。

部屋の隅には空気がこもりやすいので、観葉植物や炭を置いて浄化するとよいでしょう。

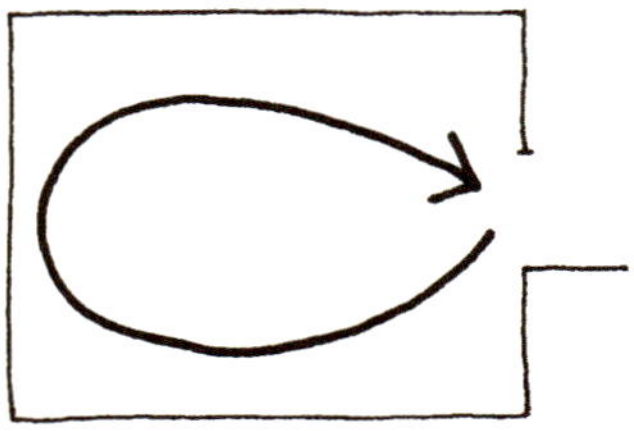

**窓がない部屋は気の出入りが滞ってしまう**

窓がない家はめったにありませんが、窓のない部屋は空気がこもりやすいので要注意。観葉植物や炭で緩和しましょう。

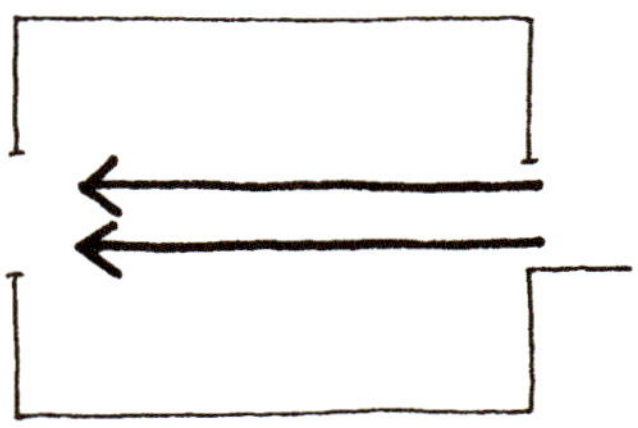

**玄関と窓が一直線上にあると気が素通りしてしまう**

玄関から窓までの間に仕切りがなく一直線上にあると、空気がまっすぐに抜けていってしまい、室内に行き届きません。

## 鬼門・裏鬼門は凶作用の強い場所

鬼門は北東、裏鬼門は南西のことをさします。この二つの方位は、昔から邪悪な鬼が出入りする場所として、忌み嫌われてきました。

風水では、鬼門・裏鬼門は悪い気が出入りする方位であるとされています。なので、間取りの吉凶を見るうえで、鬼門・裏鬼門にそれらがあるかどうかは、重要なポイント。とくに注意したいのが、水まわりと玄関がその方位にある場合です。

鬼門・裏鬼門のバスルームは、心と体の浄化がスムーズにいかないとされています。

南西のトイレは、悪臭などから悪い気が発生しやすく、風通しが悪いとそのまま気がこもってしまいがち。

南西のキッチンは、そこを使う主婦が体調を崩しやすくなるといわれています。

鬼門・裏鬼門にあるキッチン、バスルーム、トイレは、悪い気がこもったり、発生したりしやすい場所とされ、玄関はそこから悪い気が入ってくるといわれています。

しかし、水まわりや玄関が鬼門・裏鬼門にある家がすべて不運になるというわけではありません。鬼門・裏鬼門対策としては、とにかくその場所を清潔にし、換気をよくすること。それでも心配なら、盛り塩や植物を置くとよいでしょう。

間取りが悪い場合でも、インテリアやその他のことで上手に風水を取り入れてよい気を招くことで、凶作用を緩和することができます。

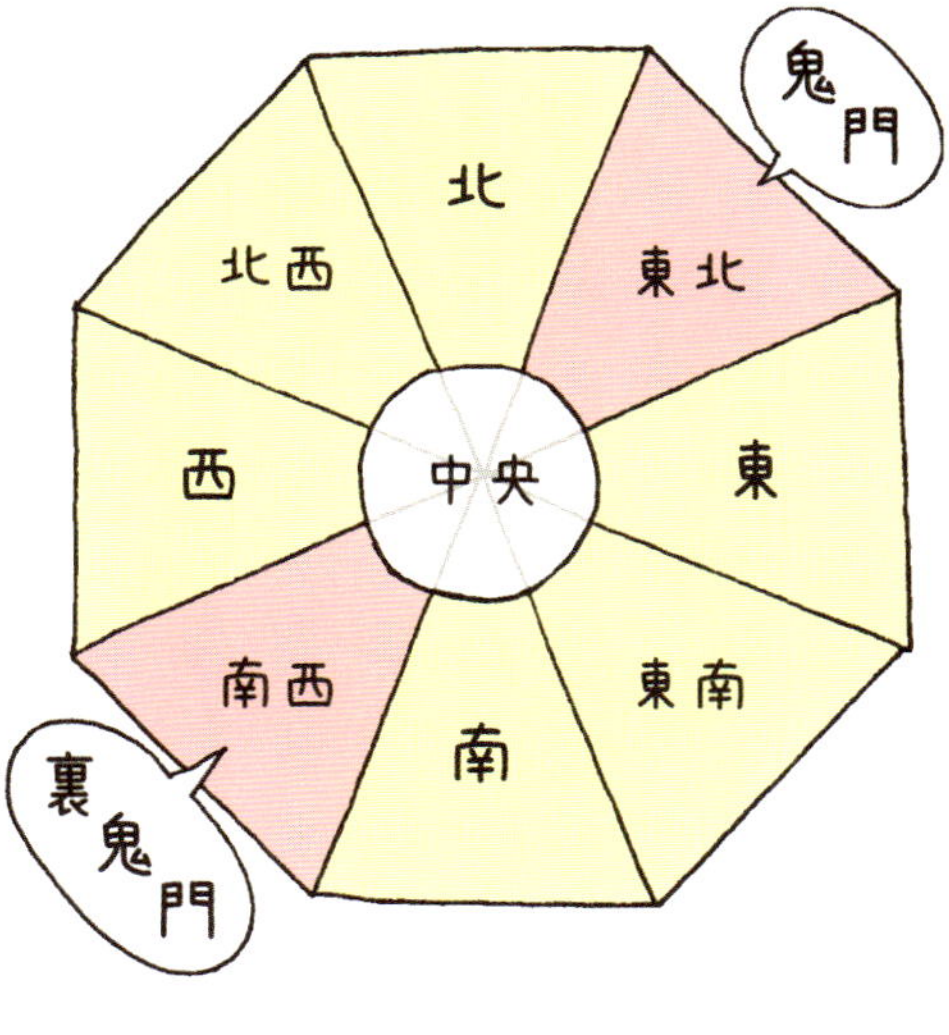

# はりは吉
# かけは凶

間取りだけでなく、家の形も吉凶を左右します。左の平面図の例を見てください。でこぼこしている、その出っ張った部分を「はり」、へこんだ部分を「かけ」といいます。

はりは、その方位のもつ運気（→30ページ参照）を強めます。たとえば金運を上げたいなら「西にはりがあると吉」となります。また、家の外の別棟も、はりとみなします。ただしはりは、あればよいというものではなく、基本的に家は四角い形が吉。むやみにはりをつくるのは避けましょう。

一方かけは、その方位のもつ運気を弱めます。かけの部分には、植物や盛り塩を置いたり、インテリアにラッキーアイテムを取り入れたりして、対策をとりましょう。

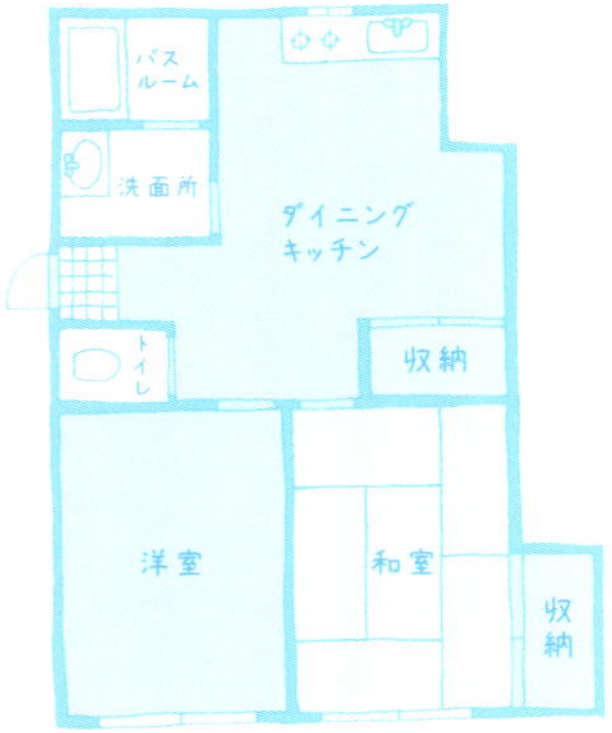


間取り図の例。ダイニングキッチンにかけがあり、和室の収納スペースがはりとなります。

## かけとは

**家のへこんだ部分。**
**1辺の3分の2以下の場合をかけという。**

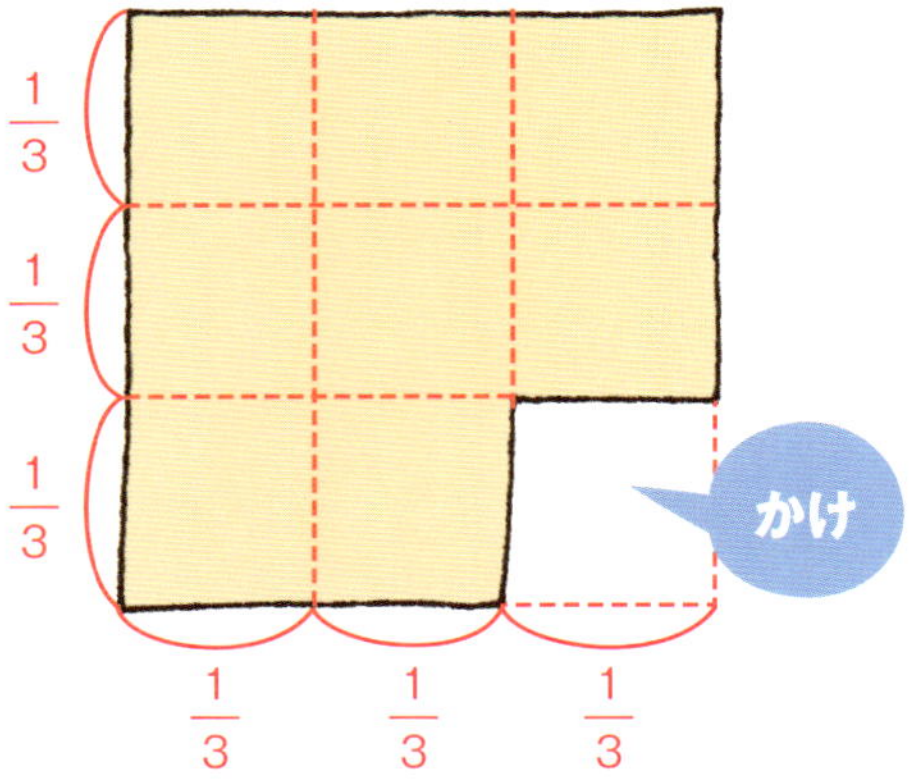


## はりとは

**家の出っ張っている部分。**
**1辺の3分の1以下の場合をはりという。**

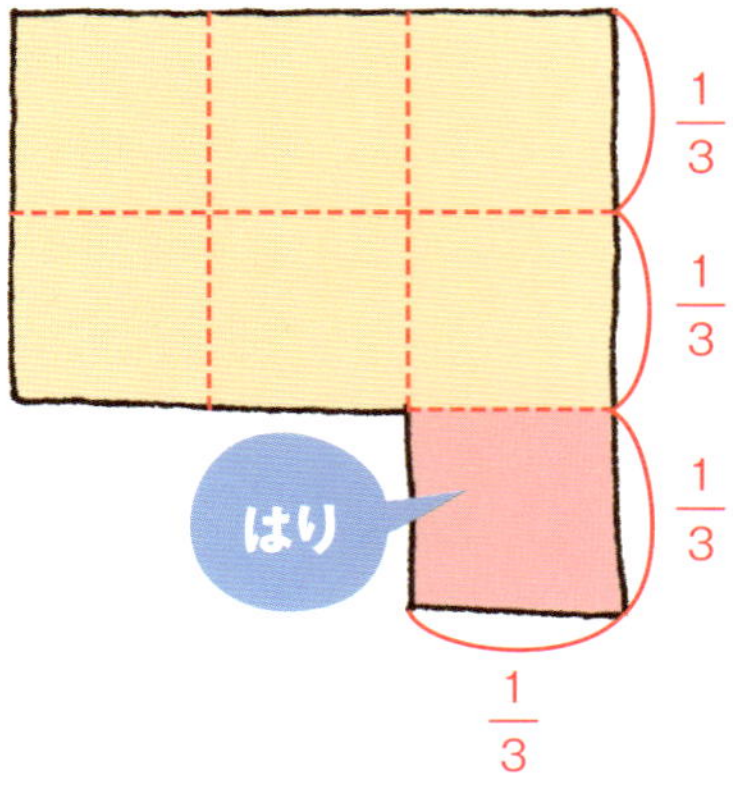


### ●かけの例●

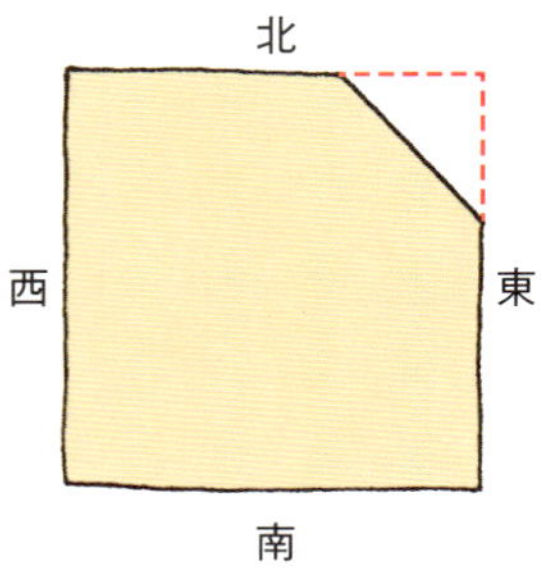


東北のへこんだ部分がかけです。

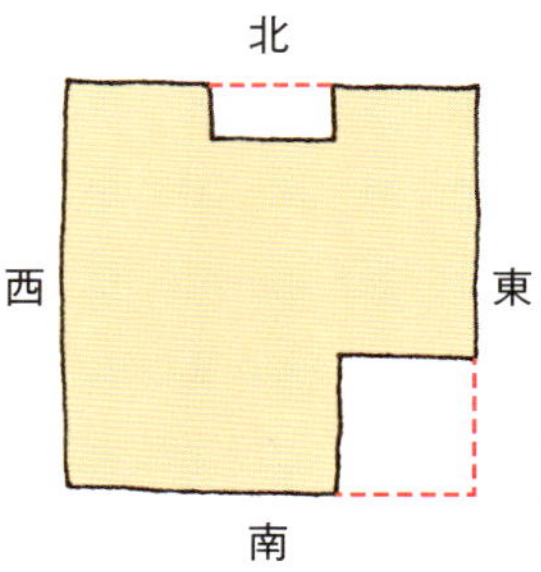


北と東南にある2箇所のへこんだ部分が、かけです。

### ●はりの例●

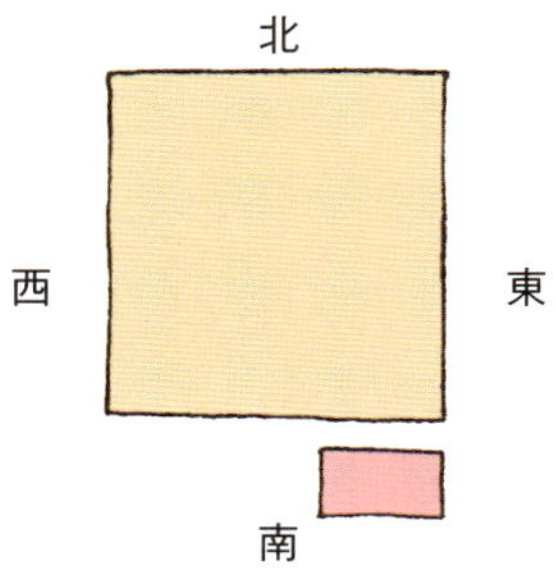


別棟や物置がある場合は、はりと考えます。この場合は東南のはりです。

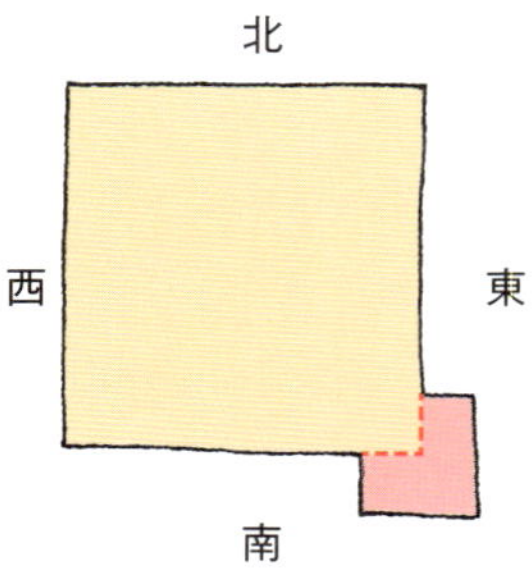


東南の出っ張った部分がはりになります。

# こんなかけに注意 &アドバイス

方位別に、かけがある場合の凶作用を紹介します。
心当たりがある場合は、すぐに改善策を!

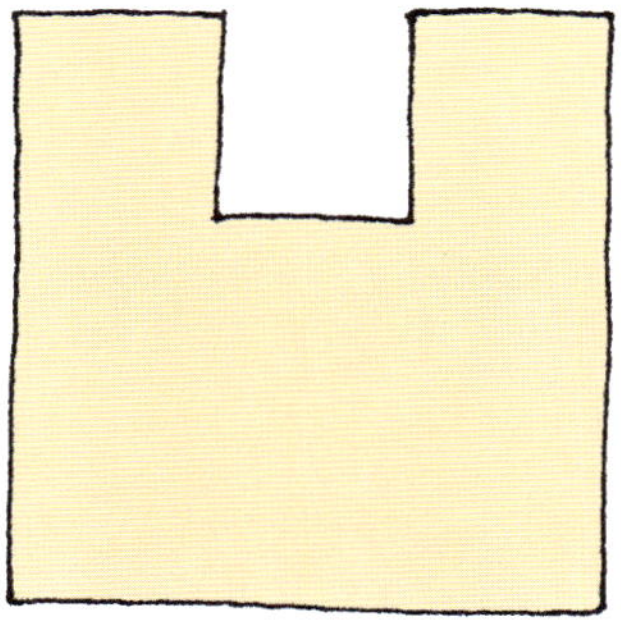

### 北のかけ

健康運がダウン。心身ともに疲れやすくなります。また、子宝に恵まれにくくなるともいわれています。

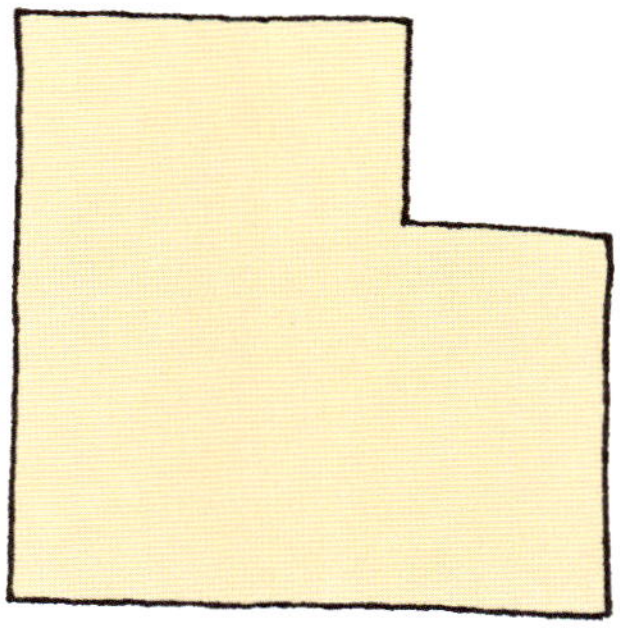

### 東北のかけ

運気の変化が激しくなり、さまざまなことが不安定になりがち。相続運も下がるので、親戚内のトラブルも心配。

### 東のかけ

とくに若い男性の運気を左右します。やる気や向上心を失い、仕事も伸び悩みがちになります。

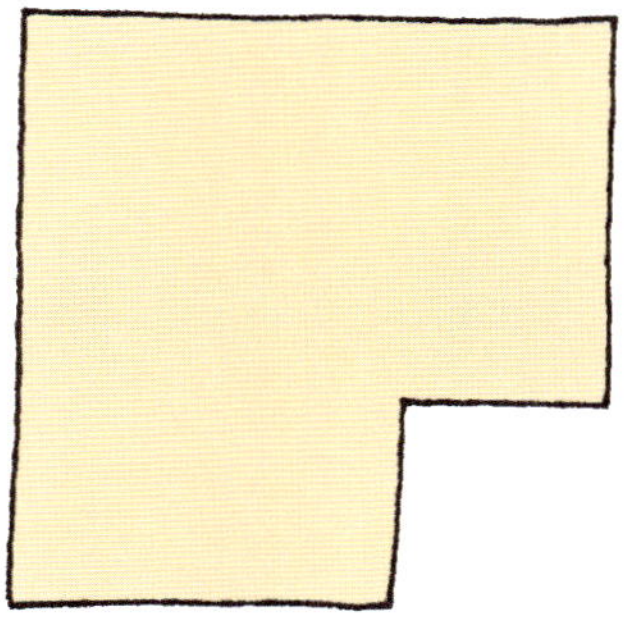

### 東南のかけ

人間関係運がダウン。人に裏切られたり、良縁に恵まれなかったりします。信用が得られず苦労することも。

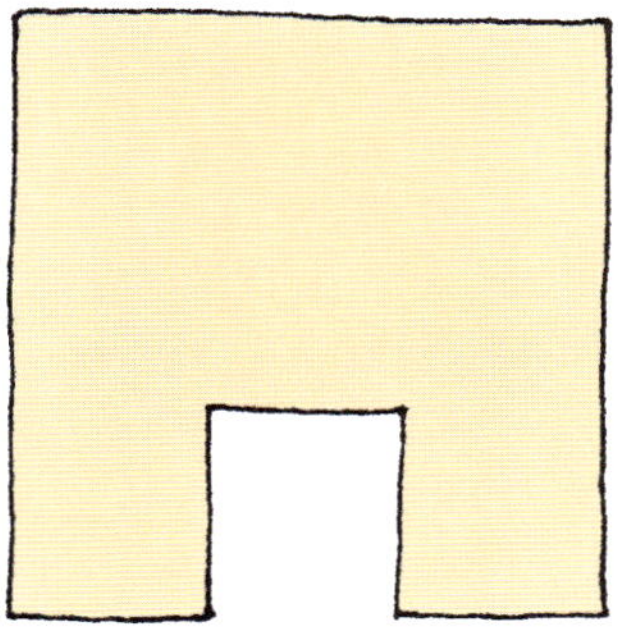

### 南のかけ

直感や判断力などの感覚が鈍くなり、仕事運がダウン。自分がもっている長所を活かせないことも。

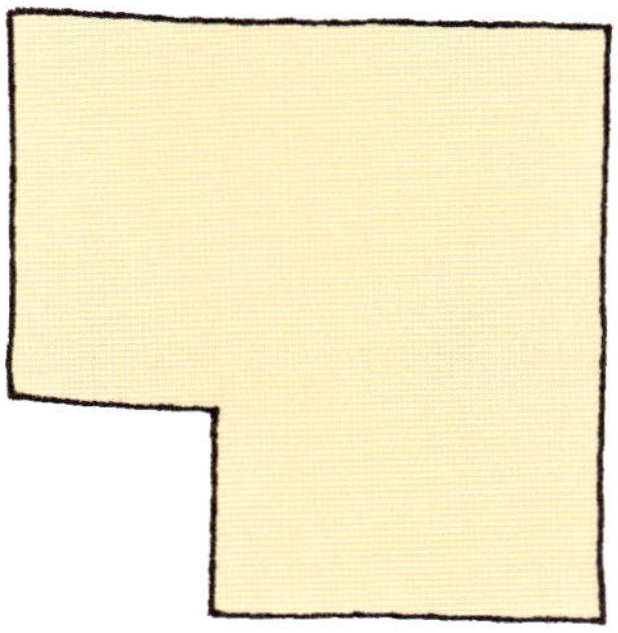

### 南西のかけ

とくに家庭運を左右し、家庭のあたたかさが失われがちに。また、誠実さが失われて仕事運もダウン。

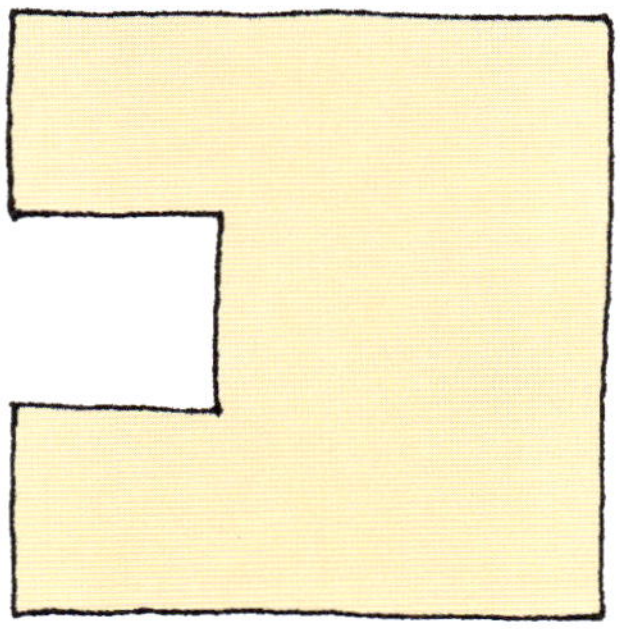

### 西のかけ

金運がダウン。金銭トラブルに悩まされることが増えそう。社交運も失うので、引きこもりがちな人は注意して。

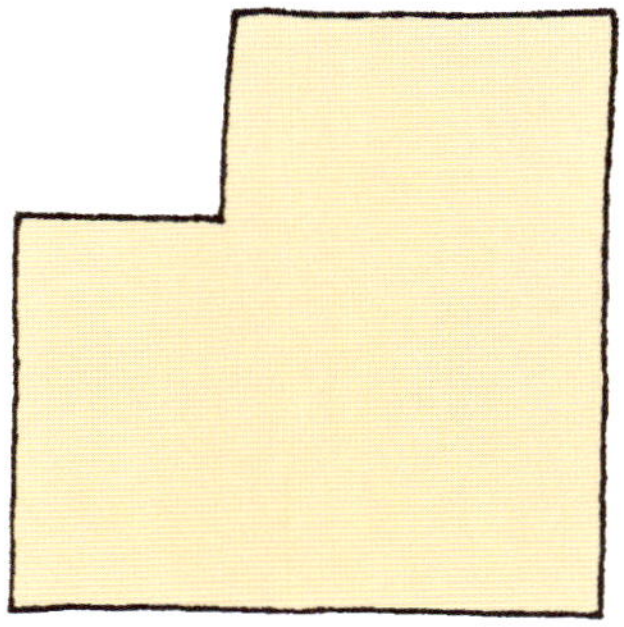

### 北西のかけ

とくに主人の運気に影響します。目上の人から評価される運気が失われるので、なかなか出世できないことも。

# 9方位の 運気別ランキング

風水では、方位と運気は深い関係があるとされています。
ここでは運気別に、関係の深い方位をランキングにまとめました。

## 金運に関係する方位

**1位 西**
西を吉相にすると、収入アップだけでなく、贈り物やごちそうを受ける機会も増えそうです。西には、キラキラ輝くものや、大切なものを置きましょう。

**2位 北**
貯蓄運をもつ北は、お金がたまる方位。壁でふさがっているか、収納スペースがあると吉。収納スペースは財運をためる場所と考え、収納は八分目を心がけて。

**3位 東北**
北と同様に貯蓄運をもちます。不動産運を高めるので、東北を吉相にしておけば、土地や住宅に関する買い物もうまく運ぶでしょう。

## 恋愛運に関係する方位

**1位 東南**
良縁を呼ぶ方位。カップルの人は、結婚話が順調に進みそう。新しい恋を始めようとする人にも、よい運気を招きます。とくに女性の寝室としておすすめ。

**2位 北**
北を吉相にすると、良縁に恵まれます。北の部屋をきれいにし、ピンクや赤のファブリックを使用すると、さらに恋愛運がアップし、告白が成功することも！

**3位 西**
金運と関係のある西を吉相にすると、玉の輿の出会いがある可能性も。部屋の西側は玄関や窓ではなく、壁になっているとよいでしょう。

## 健康運・美容運に関係する方位

**1位 北**
体調がすぐれないなら、まずは北をチェックして。汚れていたら健康運ダウンの原因かも。北は落ち着いて眠れ、夫婦の寝室にすると子宝運がアップします。

**2位 東**
発展の気をもつ東は、とくに若い人の健康運をつかさどります。どの部屋とも相性がよく、清潔にしていれば活力にあふれます。植物もよく育ちます。

**3位 南**
南は美的感覚が高まる方位で、鏡や窓ガラスをピカピカにすると美容運がアップ。ただし大きすぎる窓は紫外線が差し込み、肌を害するので遮光をしっかりと。

## 願いごとに関係する方位を確認する

　風水で理想の間取りを考えるとき、鬼門・裏鬼門（→107ページ参照）や、はり・かけ（→108ページ参照）の位置を調べることのほかに、運気と関係のある方位を知っておくことも大切です。

　たとえば金運をアップさせたいなら、金運に関係する西の部屋をこまめに掃除し、整理整頓します。そうすることで、金運がめぐってくるようになるといわれています。

　運気が悪いと感じていることがあるなら、その運気と関係のある方位を確認してみましょう。汚れているか、方位と相性の悪い間取りが原因かもしれません。間取りが変えられない場合は、方位と相性のよいアイテム（→31ページ参照）や植物を置くとよいでしょう。

### 仕事運に関係する方位

**1位　南**
ひらめきやアイデア、美的センスがさえます。企画関係やクリエイティブの職種の人は南を吉相にすると、能力がアップするでしょう。

**2位　北西**
いい上司やスポンサーに恵まれるなど、目上の人や周りの人から目をかけられて、昇進することも。書斎を北西にするとよいでしょう。

**3位　南西**
仕事運アップの方位は職種によって異なりますが、南西が吉相であればどの職種でも努力を評価されるようになります。南西が壁でふさがっていると吉。

### 家庭運に関係する方位

**1位　南西**
南西は主婦（母）の方位。主婦が健康になることで、家族全員の運気がアップします。家族に愛情を注ぐ良妻となり、おだやかな家庭になります。

**2位　北西**
主人（父）の方位。一家の大黒柱が健康になり、仕事も安定するので、家庭が落ち着きます。また、2世帯で住んでいる家庭なら、年配者が使う部屋としてもおすすめ。

**3位　北**
北の吉相は夫婦仲をよくします。あたたかい家庭は夫婦円満が基本。夫婦の寝室が北にあると、ふたりの絆が深まるといわれています。

### 人間関係運に関係する方位

**1位　東南**
東南の吉相は、人から好感をもたれ、どんな人からも好かれます。コミュニケーションが活発になり、リビングが東南にあれば、会話の多いにぎやかな家庭に。

**2位　西**
社交運を呼び込む西に玄関や窓などがあると、人づきあいがさかんになります。ただし清潔にしておかないと金運が出ていってしまうので注意して。

**3位　東北**
跡継ぎ問題や金銭トラブルなどの親戚づき合いに悩んでいるなら、東北をチェック。鬼門なので、とにかく清潔にし、整理整頓を徹底しましょう。

Single Lifestyle

> ワンルーム
> 1LDK

# シングルライフスタイル

ここでのシングルライフスタイルとは、ひとり暮らしの人の生活スタイルのこと。
ワンルームと1LDKの間取り例を紹介します。

## 願いごとをかなえる間取りI

# 金運を上げたい！

### ワンルーム

**○ 西に広いスペース**

金運を招く西は、きれいにしておくと吉。大切なものを置いておくとよいでしょう。

**○ 東北の収納スペース**

東北は不動産や相続に関わる運気をもっています。鬼門なので整理整頓を心がけましょう。

**○ 東の玄関**

東からは、発展を促すよい気が入ってきます。ドアに鈴をつけると、さらに運気アップ。

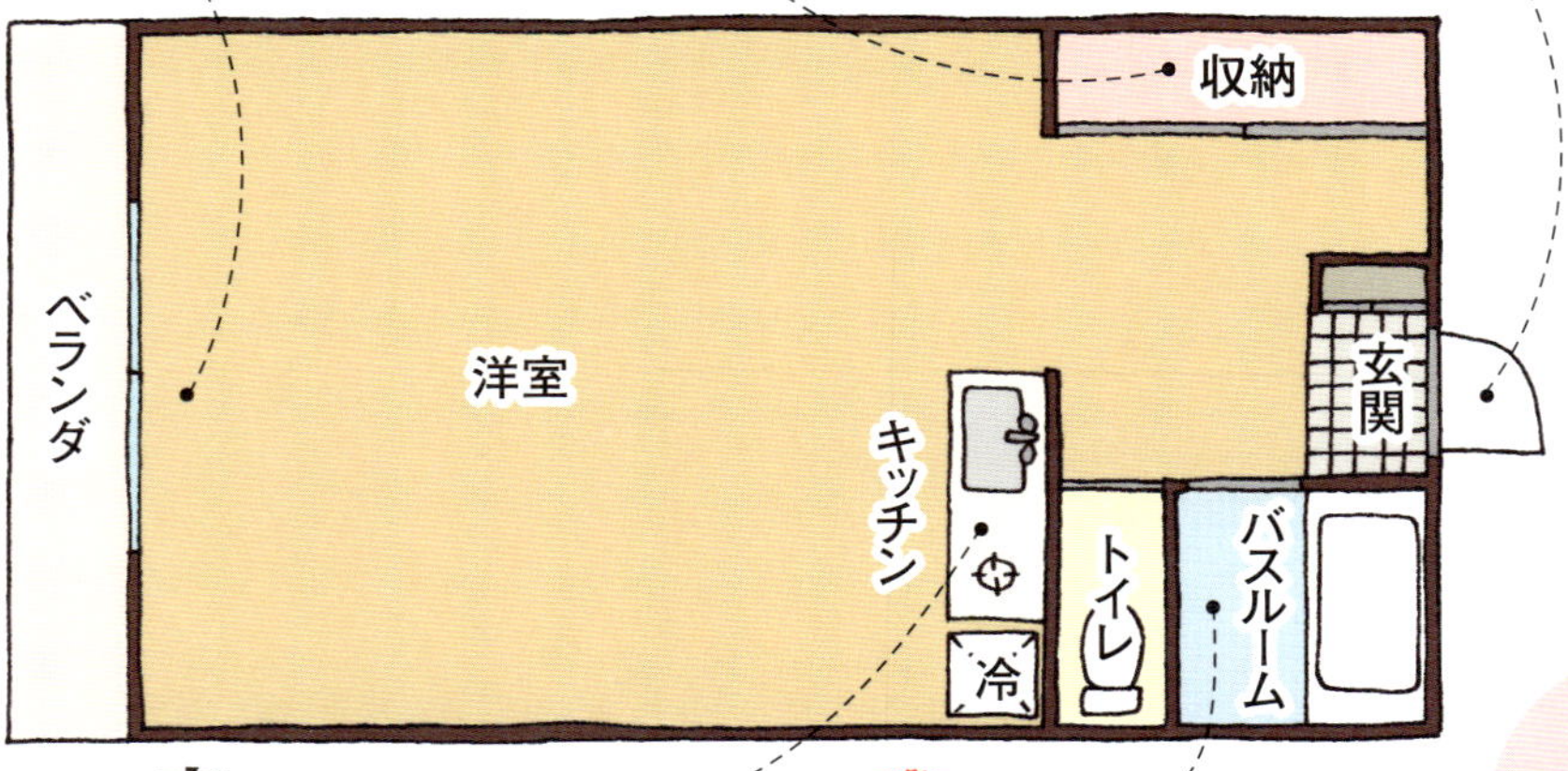


**南のキッチン**

南は水を嫌うので要注意。シンクに水をためたり、水滴を残さないようにしましょう。

**○ 東南のバスルーム**

東南のバスルームは万能。お金との縁(円)を呼びます。

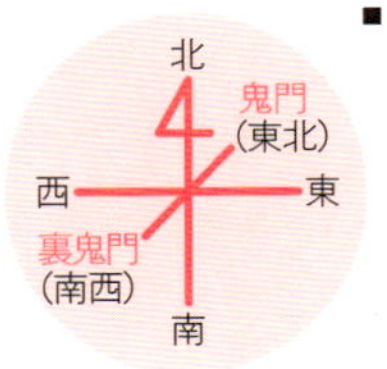


## 金運は西から。西側に窓や収納を

金運を招く方位は西です。西からは、お金を手に入れるエネルギーを得られるので、アルバイトの時給が上がったり、生活費が充実したりといった、日常のお金の流れをよくする効果が期待できます。

一番大切なのは、西に何を置くか、ということ。西に窓があれば、金運を取り込むことができます。また西に収納スペースがあれば、そこに財布や貯金通帳などのお金に関わるものを入れておくことで、金運を呼び寄せることができます。

## 西側をきれいにして大切なものを置く

部屋によっては、西に窓も収納もないという場合もあるでしょう。しかし、そんな部屋に住むなら、金運はあきらめなければいけないかというと、そんなことはありません。日々の生活に風水を取り入れればよいのです。

まずは西側をきれいにすること。ゴミ箱などは置かずに、掃除をこまめにしましょう。また、西に作りつけの収納がなければ、大切なものを入れるチェストを置くなどして、インテリアで工夫するとよいでしょう。

# 1LDK

## 北西の玄関

北西の仕事運を上げる気が入り、経済面も安定しそう。勝負運も上がり、懸賞に当たる、引きの強さも。

北西のバスルームは木製のバスグッズがおすすめ。

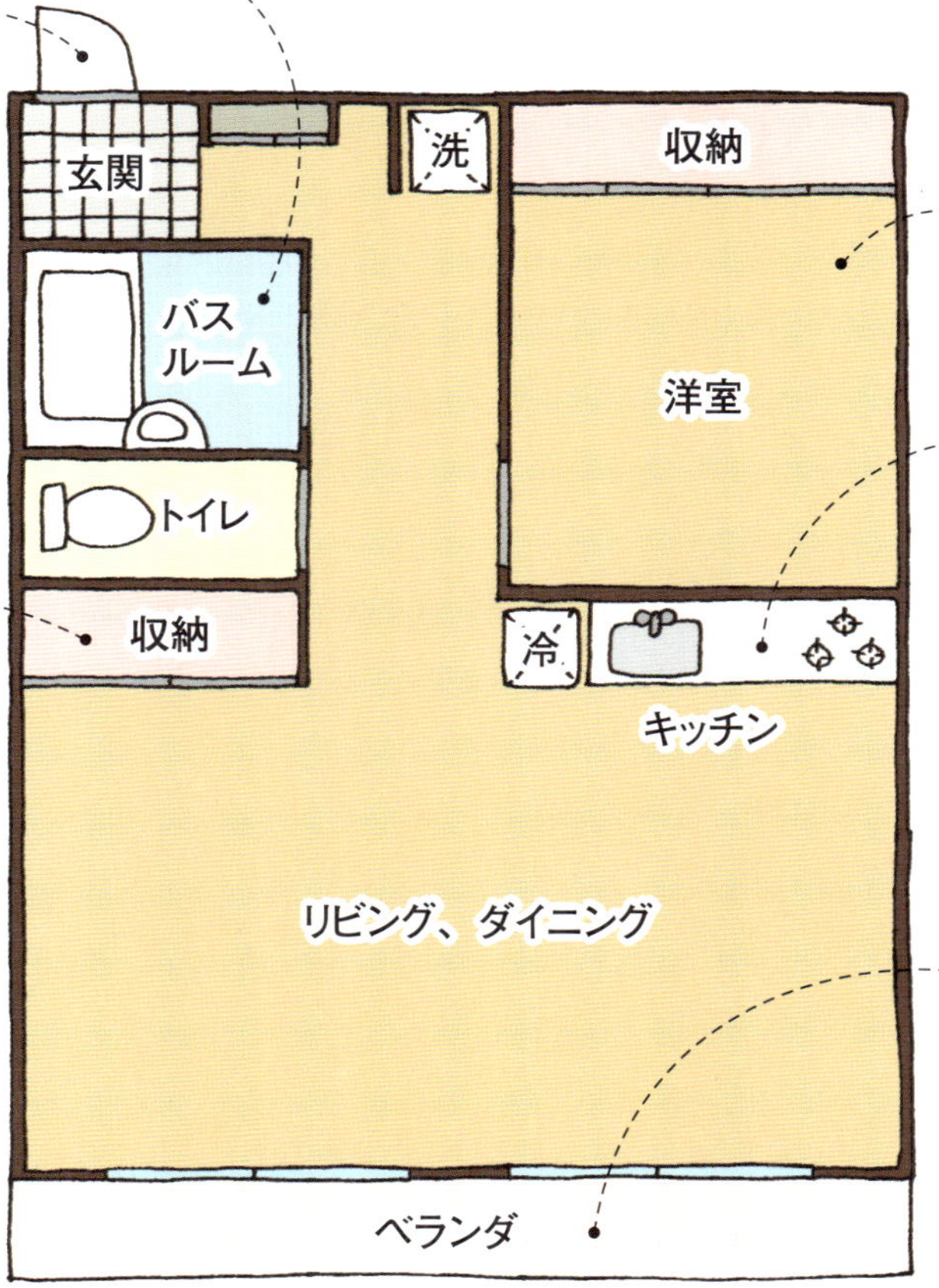


東北に黄色い花を飾って金運アップ。

## 東のキッチン

東でつくられた料理には発展の気が含まれ、それを食べた人の運気が上がります。

## 西の収納スペース

とくにふだん使うことの多いお金に関する物を、西に収納すると金運アップ。

## 南のベランダ

南の大きな窓からは直感力をつける運気が入ります。ギャンブルの勘もさえるかも。

## さらに金運アップできる風水テク

パワーストーンで

### 西にルチルクォーツを置く

ルチルクォーツは、輝く金色の見た目から、強力な金運を呼ぶパワーストーンといわれ、経済面の安定をもたらすとされています。また、目標へ向かっての勇気や向上心を盛り上げ、自己実現の後押しも！

### リビングにサンキャッチャーをつるす

キラキラ輝くものは、金運を引き寄せます。サンキャッチャーなど、クリスタルのアイテムをリビングに飾ると金運がアップ。ただし光が当たらないと意味がないので、窓辺に飾るとよいでしょう。

## ワンルーム

# 願いごとをかなえる間取りII
# 恋愛運を上げたい！

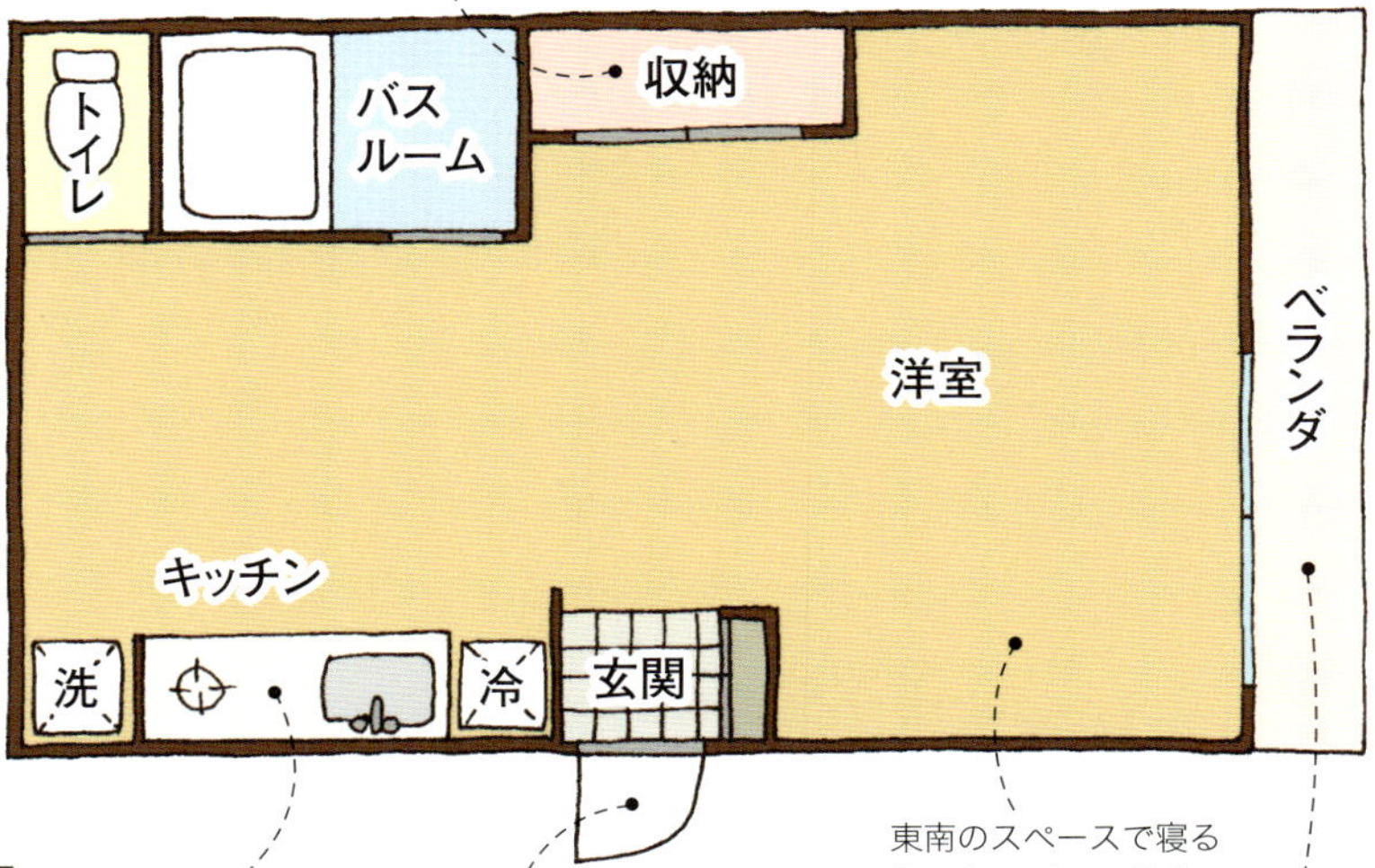


### ○北の収納スペース

北はフェロモンアップの気をもち、とくに下着を収納するスペースとして最適。

### 南西のキッチン

裏鬼門のキッチンは、こまめな掃除と換気を心がけましょう。

### ○南の玄関

南の自分のよさを引き立てる運気が入ってきます。

東南のスペースで寝ると、恋のパワーがチャージされます。

### ○東南の窓

結婚運を招く東南の窓は、こまめに開けてよい気を取り入れましょう。

## 東南は恋愛運、北はセックス運を呼ぶ

恋愛運や結婚運をもつのは東南です。吉相にすればシングルの人には良縁を呼び、カップルの人ならふたりの関係が深くなります。より親密な関係になれば、セックス運やフェロモンを促す気をもたらす北に、玄関や窓がある間取りがよいとされています。

また、南北に長い部屋は、真面目な恋愛ができるといわれています。結婚につながるような出会いや、誠実な恋愛がしたいなら、南北に長い部屋がおすすめ。逆に、結婚は考えず楽しい恋愛を望むだけなら、東西に長い部屋を選ぶとよいでしょう。

## 良縁を呼ぶのは清潔な玄関やバスルーム

恋愛運を上げたいなら、間取りに関わらず、玄関やバスルームはきれいにすること。玄関は良縁を招き、バスルームは愛情運を高めます。ぬめりやカビ、生ゴミなどは、悪い気を発するのでとにかくこまめに掃除を。そうすればきっとよい恋愛に恵まれるでしょう。

結婚運を上げたければ、キッチンの掃除にも力をいれましょう。キッチンをきれいにすれば家庭運がつき、結婚に結びつきます。

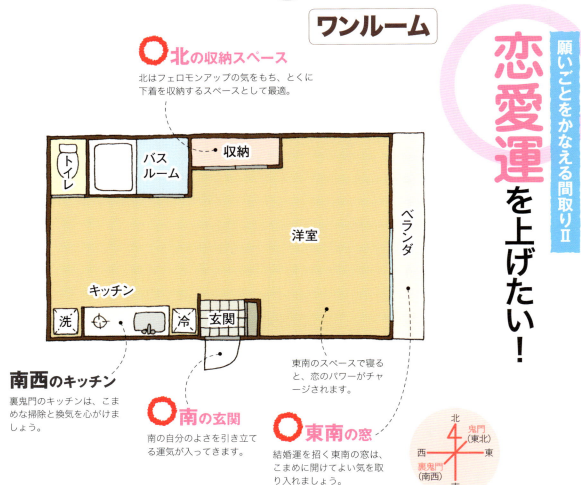

## 1LDK

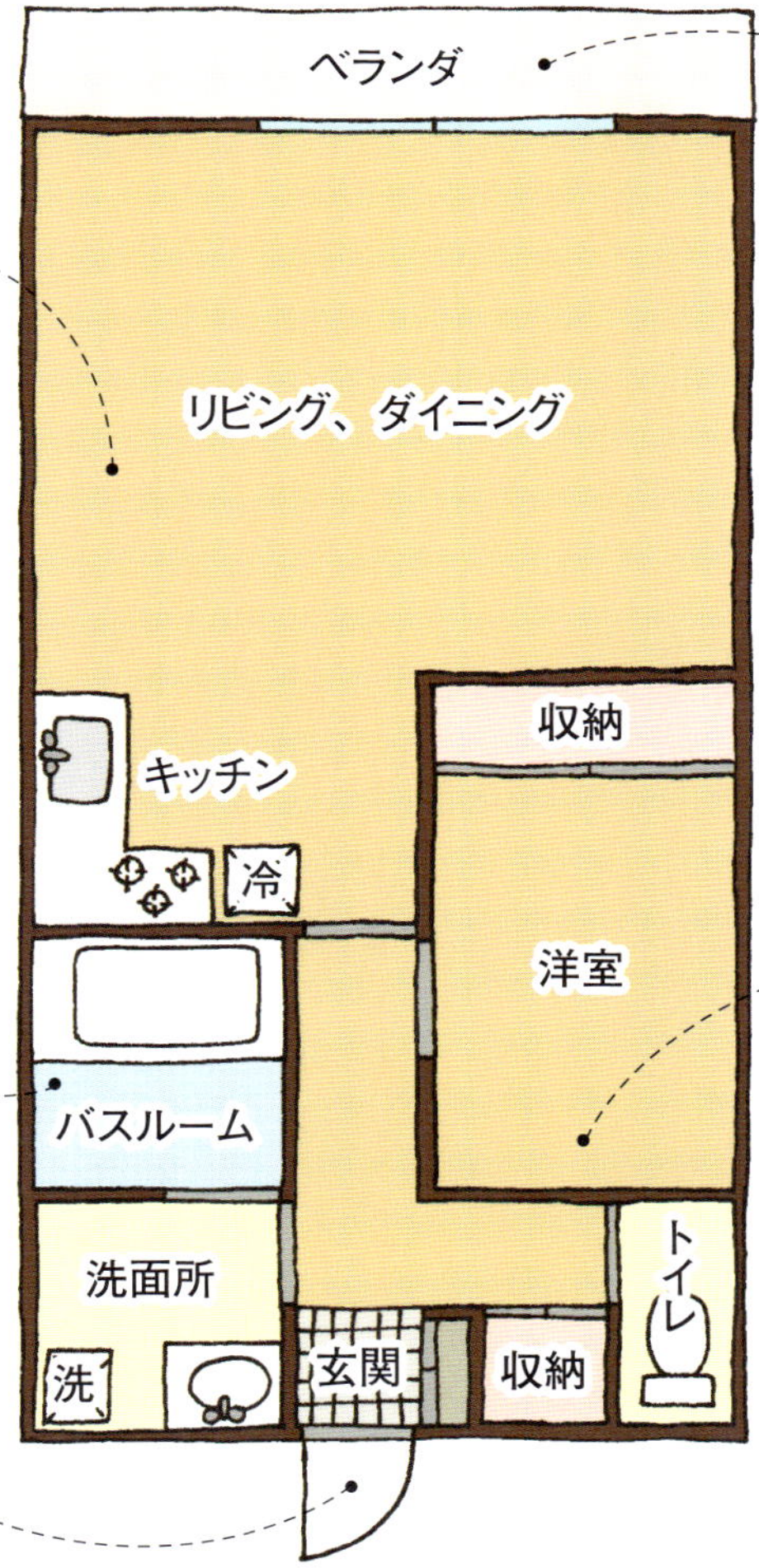

### ○南北に長い部屋

結婚につながる誠実な恋愛を引き寄せます。

### ○北のベランダ

北の大きな窓は、セックス運やフェロモンアップをもたらす気を取り込みます。

### 南西のバスルーム

裏鬼門のバスルームは愛情運を失いがち。湿気をためないよう、入浴後はすぐにお湯を抜くようにしましょう。

### ○東南の洋室

東南は寝室に最適。恋愛運アップに、もっとも強力な効果が期待できます。

### ○南の玄関

南の自分のよさを引き立てる運気が入ってきます。美的センスも高まります。

## さらに恋愛運アップできる風水テク

パワーストーンで

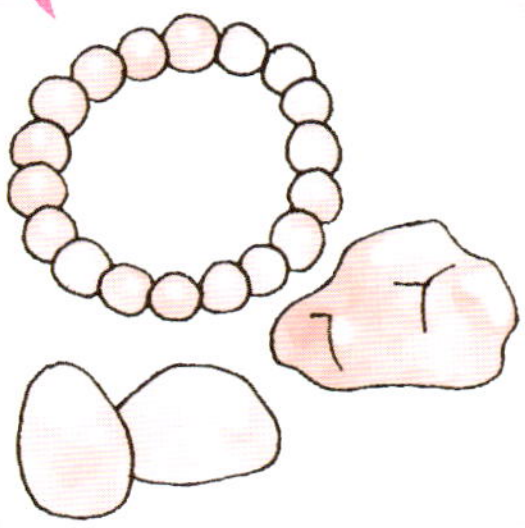

### 東南にローズクォーツを置く

ローズクォーツは愛と美の象徴といわれ、恋愛運を上げる石として有名。やさしさや思いやりの気持ちを高め、内面からの女性らしさを引き立てるパワーを持っています。ブレスレットなどで身につけても効果あり。

### 東南に好きな人の写真を飾る

好きな人を振り向かせたければ、東南に相手の写真を置いて。カップルの人なら、相手と一緒に写っている写真を飾ると、二人の仲が深まります。大勢で写っている写真ではなく、必ず相手と二人きりの写真にして。

# 願いごとをかなえる間取りⅢ

# 健康・美容運を上げたい！

## ワンルーム

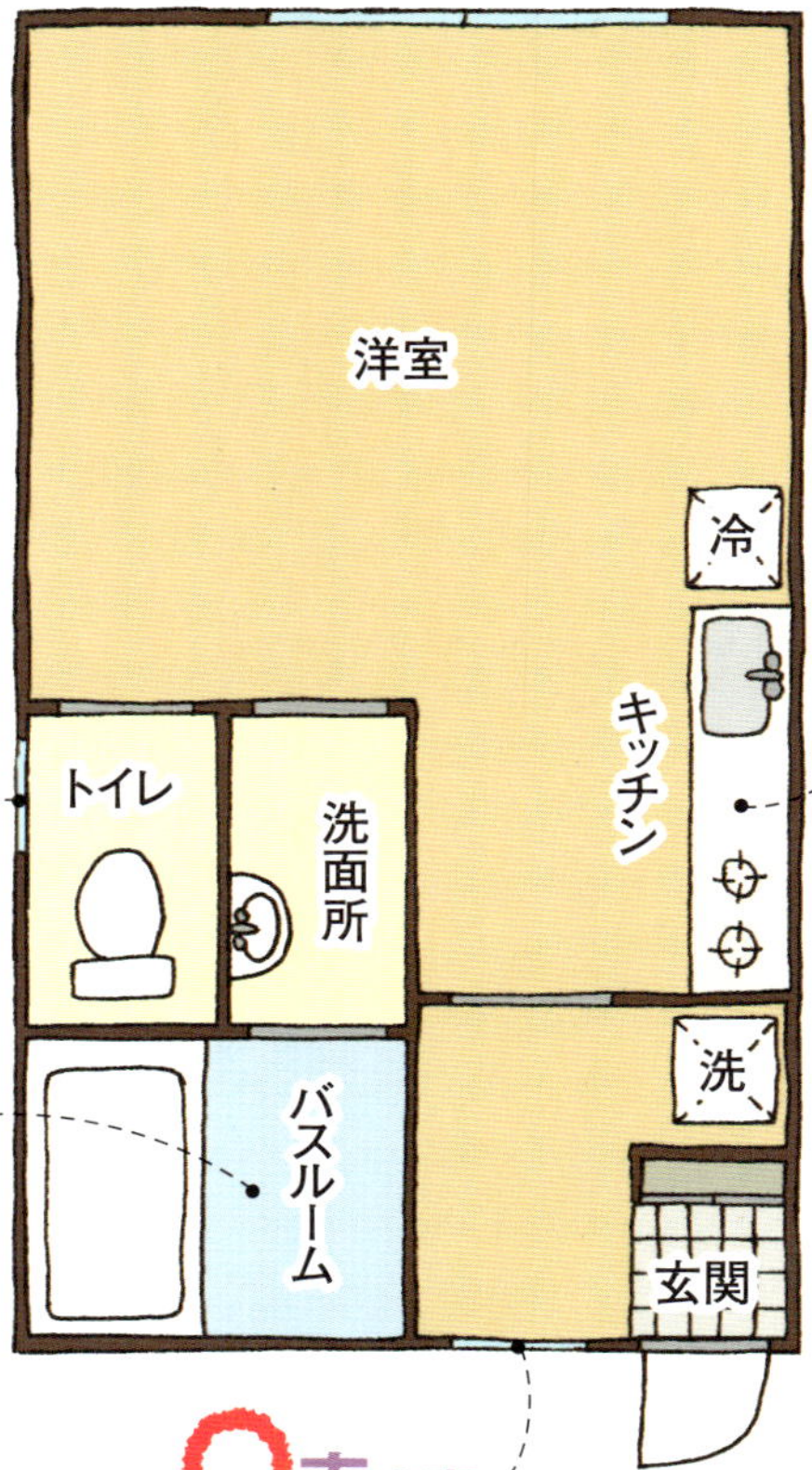


### トイレに窓がある

健康運に影響の強いトイレは、こまめな換気が必要。窓があるトイレは◎

### 東のキッチン

東でつくられた料理を食べると、運気が上昇。とくに朝ごはんを自炊すると吉。

### 東南の玄関

東南は人間関係運を招き、人づき合いでストレスのない生活に。

### 南西のバスルーム

女性の健康を左右するので、換気を心がけましょう。残り湯はためっぱなしにしないように。

### 南の窓

南は美容によい気を集めます。玄関先に1対の植物を置くとさらに運気アップ。

## 健康はすべてのベース 美は健康があってこそ

健康運を気にするのは、年を重ねてからと思っていたら大まちがい。若いときでも、健康運は一番気にするべき大切なことです。健康でなければ、仕事もできませんし、デートや遊びも具合が悪ければ楽しめません。健康は開運生活の基本です。

美容も健康があってこそ。体調が悪ければ、いくらお化粧をしても美しいとはいえません。健康と美容をもち合わせた健康美が、風水では美しいとされています。

## 健康運は北、美容運は南がカギ

北は健康運をつかさどります。暗くて静かな北の寝室は安眠でき、北枕にして休むと疲れがしっかりとれます。ただし北は日当たりが悪いので、リビングなどには不向きです。

美容によい気を取り込む方位は南です。南に窓がある間取りは、美容運アップが期待できます。また、美容運アップには、バスルームやトイレを清潔に保つことも重要です。ワンルームや1LDKでは、バスルームやトイレに窓がないことが多いので、換気扇を長めにまわして、換気を心がけましょう。

# 1LDK

### 北西の玄関

多少のことでは負けない強さと、体力がつく運気を取り込みます。

### 北西の洋室

北側を寝室にすると、落ち着いて眠れます。北を枕にして寝るとさらに吉。

### 東のベランダ

東の大きな窓からは、成長の気を取り込みます。若いパワーがみなぎります。

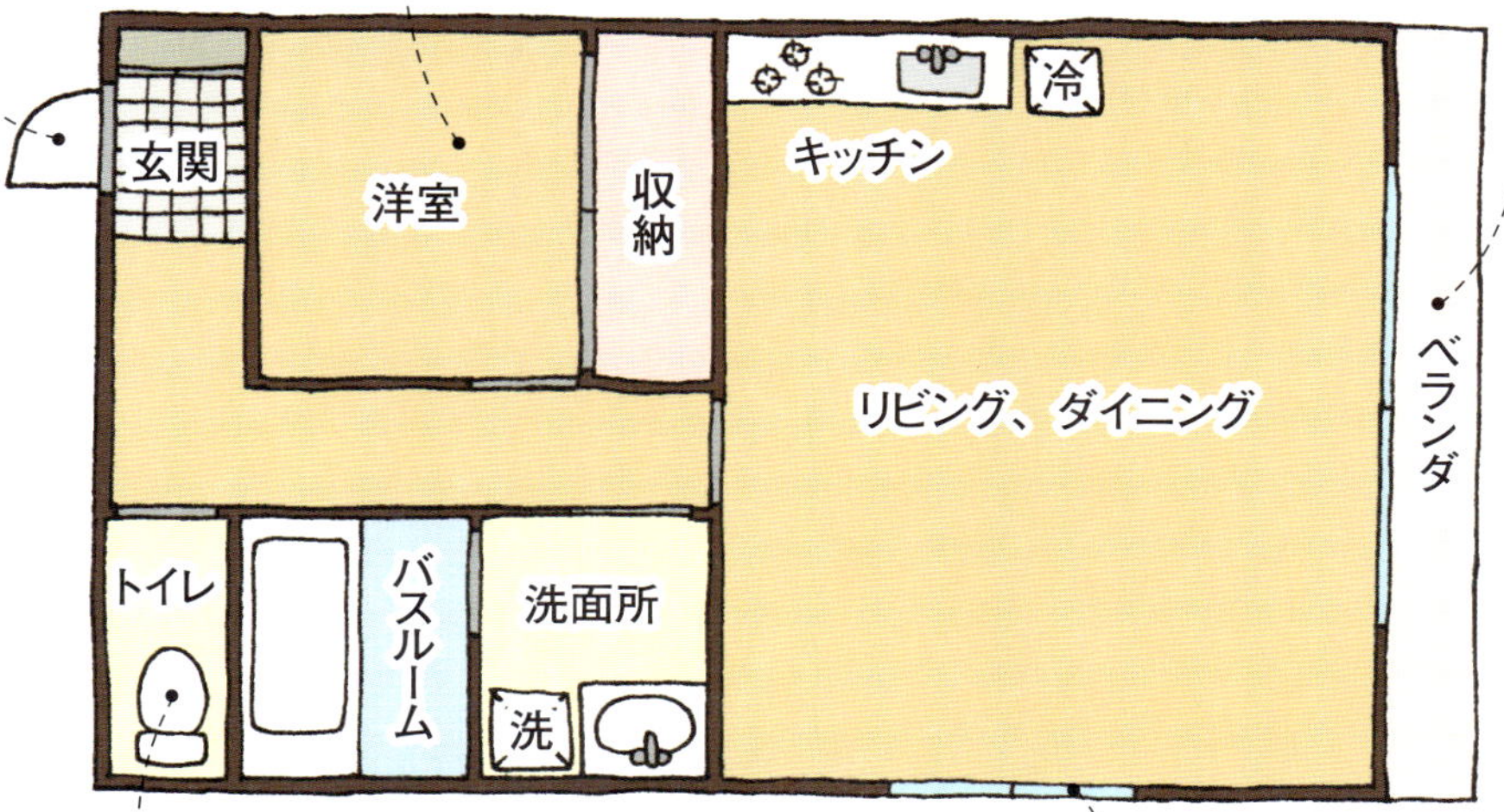


### 南西のトイレ

裏鬼門のトイレはとにかく清潔にすることが大切です。それでも心配なら盛り塩を置いて。

### 東南の窓

一日を通してたっぷりと太陽の光が差し込み、日当たりのよい、快適な家に。

## さらに健康･美容運アップできる風水テク

### 北に白い花を飾る

白い花は浄化作用があり、デトックス効果で心身ともにリフレッシュ。とくに健康運を左右する北に、カサブランカやカラーなどの白い花を置くとよいでしょう。花びんの水はこまめに取り替えましょう。

### 南に全身鏡を置く

南は美容によい気が集まる方位。南に全身鏡を置いてスタイルチェックを習慣にすると、美容運がアップ。鏡は常にピカピカに磨いておきましょう。ダイエットを成功させたいなら、南に体重計を置くのもおすすめ。

## 願いごとをかなえる間取りⅣ

# 仕事運を上げたい！

### ワンルーム

**北西の玄関**
北西の仕事運を上げる気が入ってきます。目上の人から評価が上がり、昇進も期待。

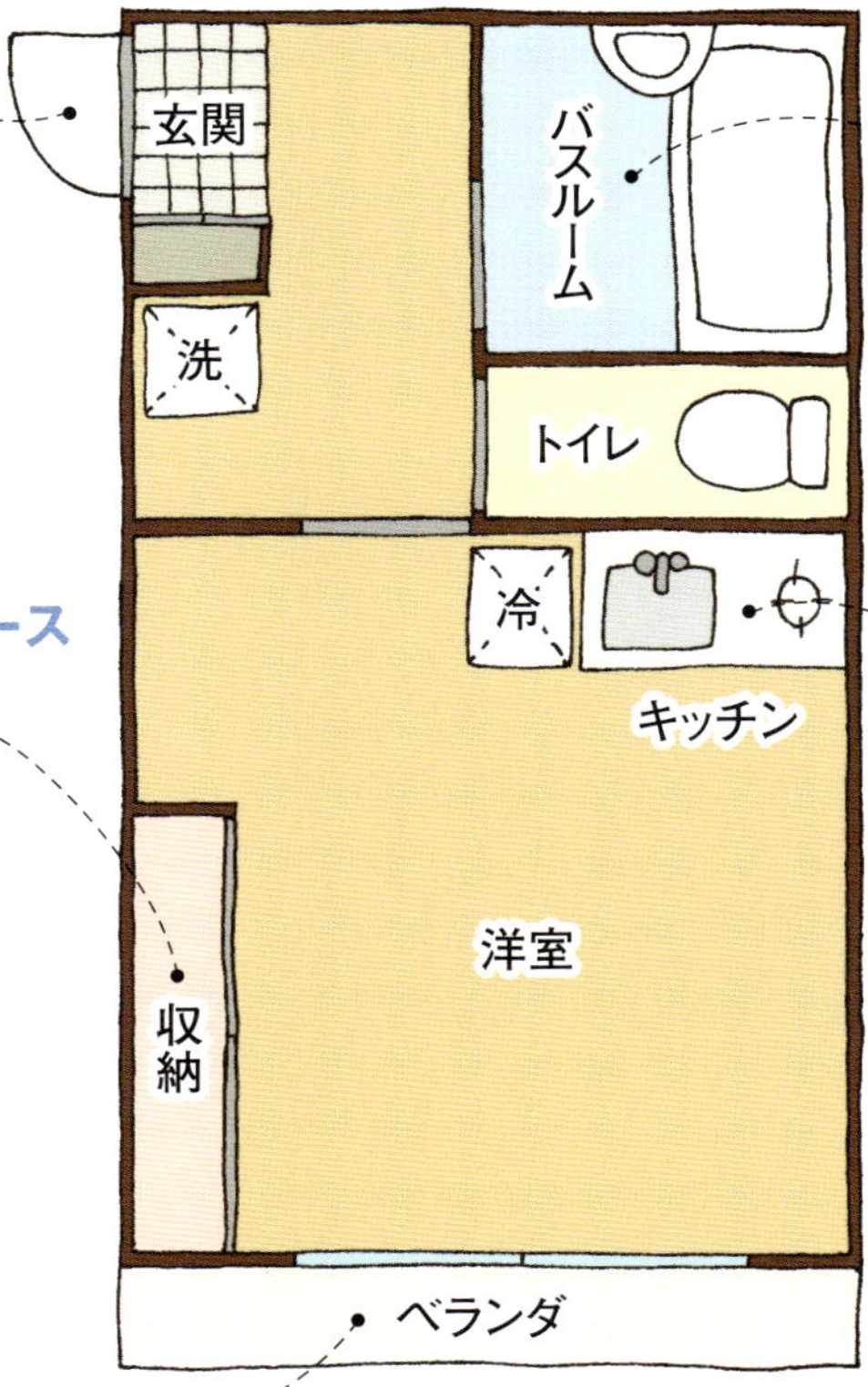


**東北のバスルーム**
東北の水まわりは体調を崩しやすく、仕事にも影響が。よい香りのせっけんなどで、運気アップを補って。

**南西の収納スペース**
南西のもつ忍耐力が備わり、仕事でも認められるように。

**東のキッチン**
東でつくられた料理には、活力の気が含まれ、仕事への意欲も前向きに。

**南のベランダ**
南の大きな窓からは、才能を活かせる運気が入ってきます。

## 発展の気をもつ東から運気を呼び寄せて

ワンルームや1LDKは、学生や社会人になってまだ日が浅い人が住むことが多いでしょう。若い人に必要なのは、これからどんどん伸びていくという発展の運気。発展を促す気をもつ東に窓や玄関があると、仕事運アップにつながる気が取り込めます。

東の窓は、短時間でもいいので午前中に開けましょう。朝の気をたくさん取り入れることが大切です。また、東のキッチンも吉。東でつくった料理は発展の気が含まれ、それを食べることでよい気が取り込めるのです。

## 長所を伸ばす南と上司に恵まれる北西

南も仕事運アップには欠かせない方位です。南は自分のよさを引き出す気をもっているので、南に窓がある間取りは吉。南の気を取り込み、長所を存分に発揮することで、仕事面でどんどん伸びていくことができます。

目上の人との関係に恵まれる気をもつ北西も、仕事運をつかさどる方位。若いうちは上司や先輩、取り引き先の年上の人とよい関係を築いておきたいもの。北西に窓や玄関があると吉。または、寝室にするとよいでしょう。

# 1LDK

## ○北西の洋室

北西のスペースを清潔にし、花を飾っておくと仕事運がアップ。通勤かばんやスーツを置くスペースとしてもよいでしょう。

## ○東のリビング

日当たりもよく、最高です。東側にオーディオや電話など音の出るものを置くと、よい情報をいち早くつかめるかも。

## ○東のベランダ

東の大きな窓からは、活力の気が入り、仕事に対するやる気がアップ！　朝は窓を開けて朝日を浴びましょう。

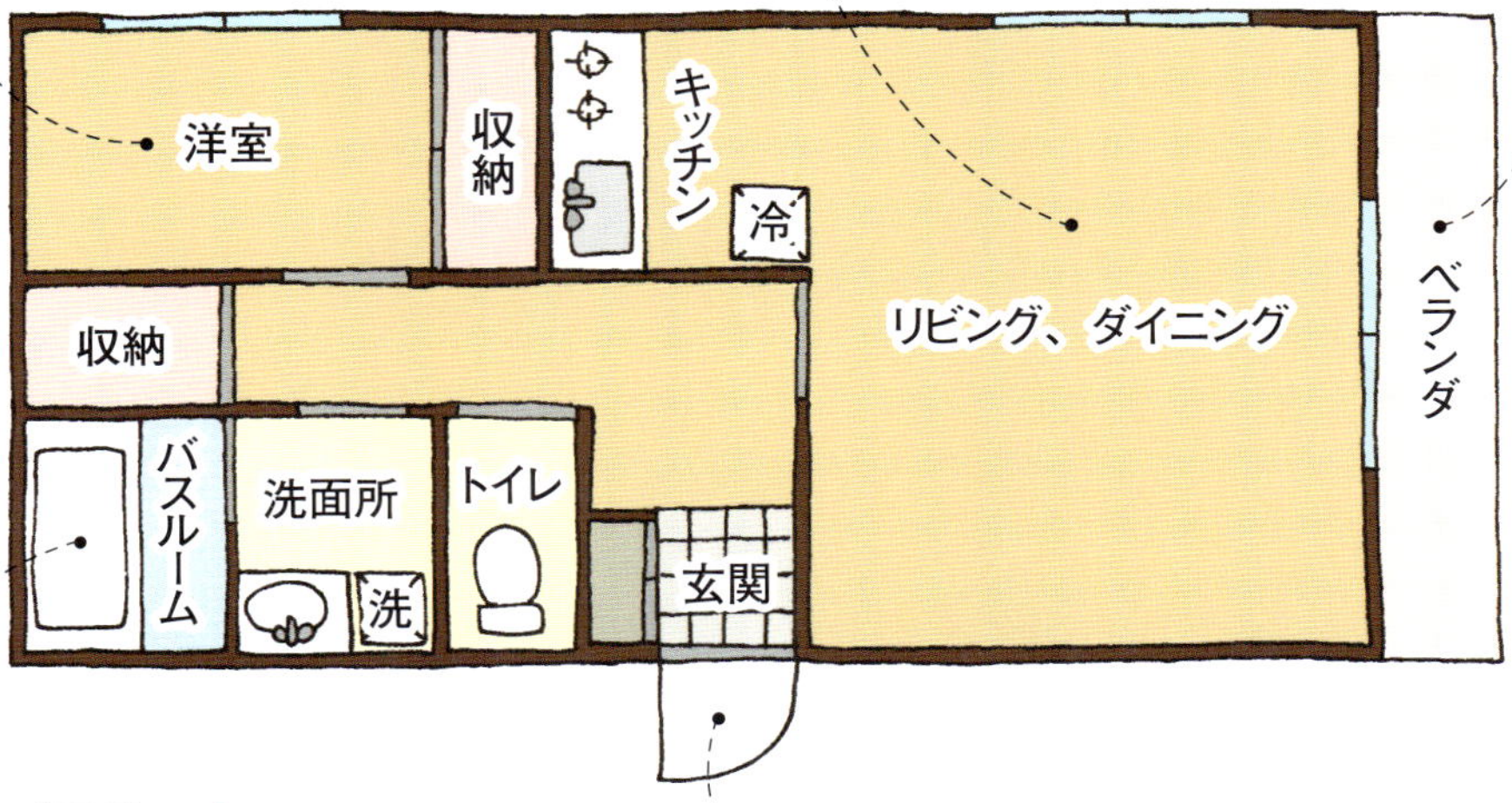


## 南西のバスルーム

裏鬼門のバスルームは清潔に。湿気を嫌うので、窓を開けるなど換気を心がけましょう。

## ○南の玄関

南から自分の才能を活かして仕事運を高める、よい気が入ってきます。

## さらに仕事運アップできる風水テク

パワーストーンで

### 南か東南にタイガーアイを置く

タイガーアイは、直感力や集中力を高める石。また、人を引き寄せるパワーももつとされ、人と関わる職業の人におすすめ。南なら才能を活かして出世、東南ならまわりからの信頼で売上アップが期待できそう。

### 北西にカレンダーをかける

カレンダーなど数字が書かれているアイテムは、仕事運を高めます。カレンダーは書き込みやすいデザインのものがおすすめ。重要なプレゼンの予定も、勝負運の強い北西のカレンダーに書き込めば、運が味方に。

# Single Lifestyle

## ワンルーム

願いごとをかなえる間取りV

# 人間関係運を上げたい！

### 西のベランダ

喜びをもたらす西の窓は、こまめに開け閉めをしてよい気を取り入れましょう。遮光はしっかりと。

### 東北のバスルーム

東北の水まわりはよくありませんが、掃除を徹底すれば大丈夫。使用後の湯は残さないように。

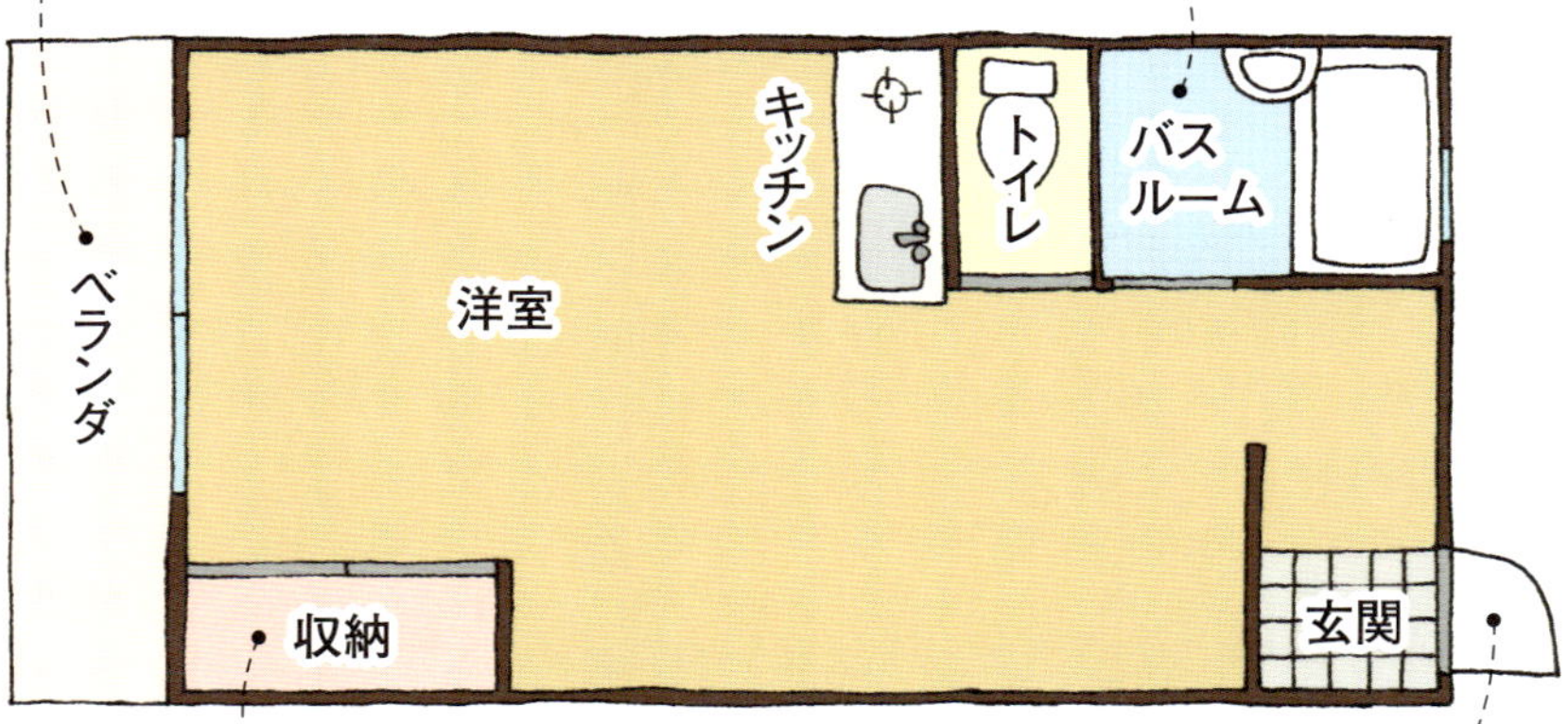


### 南西の収納

裏気門が収納などで壁になっている状態は吉。

### 東南の玄関

東南からは、よい人間関係を引き寄せる運気が入ってきます。

## 人間関係をよくするには自分の運気を変えること

人間関係は、健康に次いで生活に密着しているもの。友達や恋人、職場の同僚や上司など、人づき合いはどんなときも切り離すことができず、悩む人も多いでしょう。人間関係の難しさは、自分の意思で相手の気持ちをコントロールできないというところ。けれども、風水を用いて自分の気を変え、相手との関係を改善することは、意外と簡単にできます。

## 南、西、東の窓からよい気を取り込んで

よい人を選んでつき合っていきたいと思うなら、判断力がつく南の気を取り込みましょう。南に窓やベランダがある間取りは吉です。また南は、自分のよさをアピールする力もアップします。

会話上手で社交的になりたいのなら、西の方位を大切に。西の玄関や窓からは、社交運の気を取り込めます。

東には朝日が昇るときのように、暗いものを明るくするエネルギーがあります。どうしてもネガティブになりがちという人は、東に窓がある間取りの家を選ぶと、ポジティブに考えることができるようになります。

**1LDK**

## ○北西のキッチン

北西で長く過ごす女性は、人のうわさに流されたりしない、芯の強いしっかりした性格に。

## ○東南と東のベランダ

東南と東の大きな窓は、よい出会いを招きます。ベランダで、花や観葉植物を育てるとさらに運気アップ。

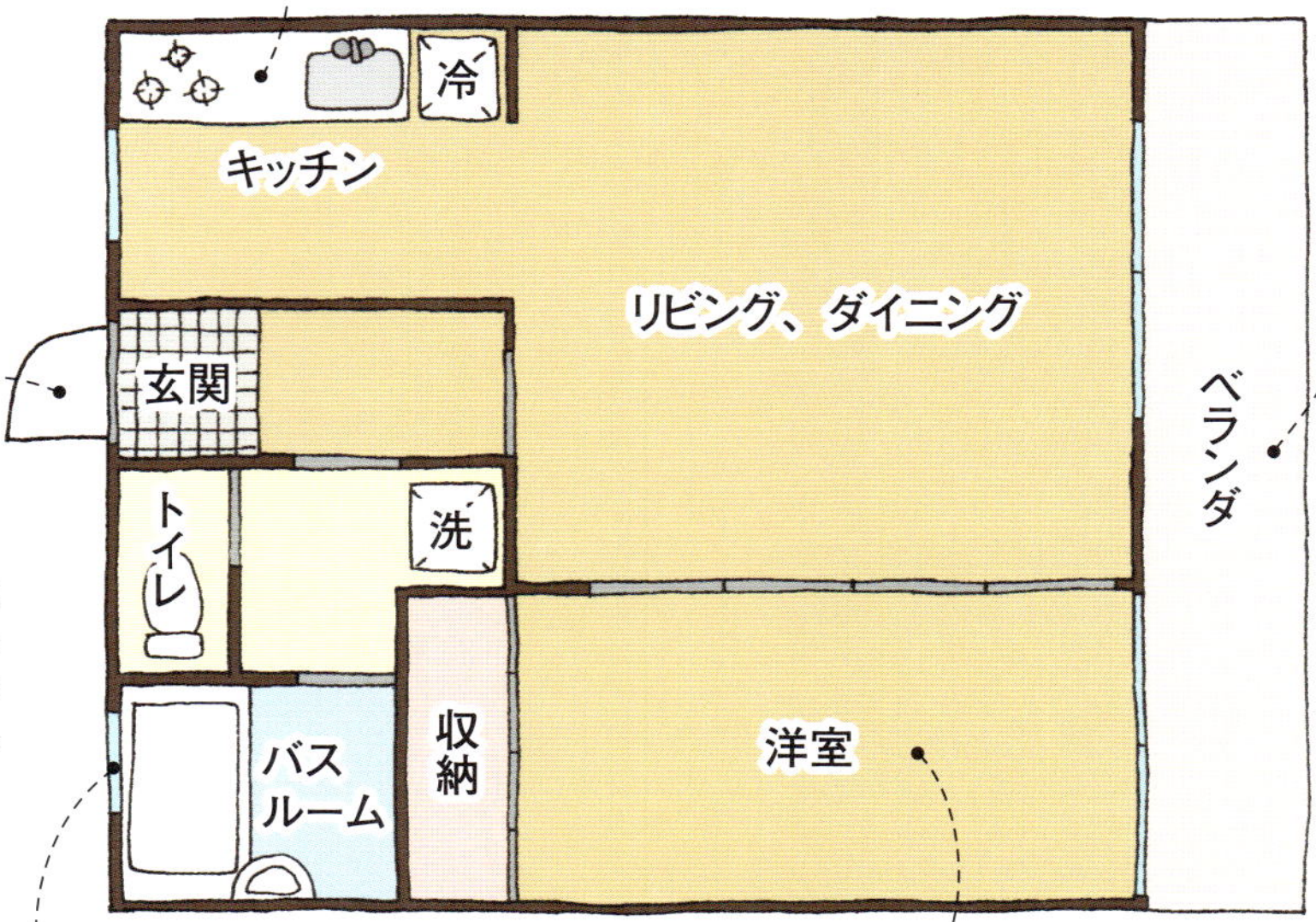


## ○西の玄関

西からは、会話上手になるなどの社交運が入ってきます。玄関の汚れは対人トラブルの元。清潔を心がけて。



## ○バスルームに窓がある

南西のバスルームは女性が体調を崩しがちになりますが、窓を開けて換気をよくしておけばOK。

## ○東南の洋室

東南の部屋を寝室にすると、人間関係運がアップ。カーテンは花柄にするとなおよいでしょう。

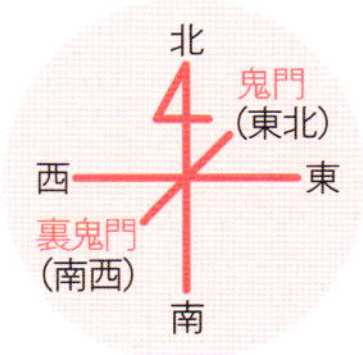


## さらに人間関係運アップできる風水テク

### 東南に友達との写真を飾る

友情を深めたければ、その友達と写っている写真を東南に飾りましょう。大勢の人と写っている写真なら、友達の輪が広がっていくかも。人づき合いが苦手な人なら、一枚でいいので人物写真を飾れば苦手克服も。

### 東南にソファーを置く

ソファーは、それ自体がよい気を呼び寄せるアイテム。まわりの人との関係をよりよいものにしたければ、人間関係運を高める東南にソファーを置いて。クッションを置くと、さらなる運気アップが期待できます。

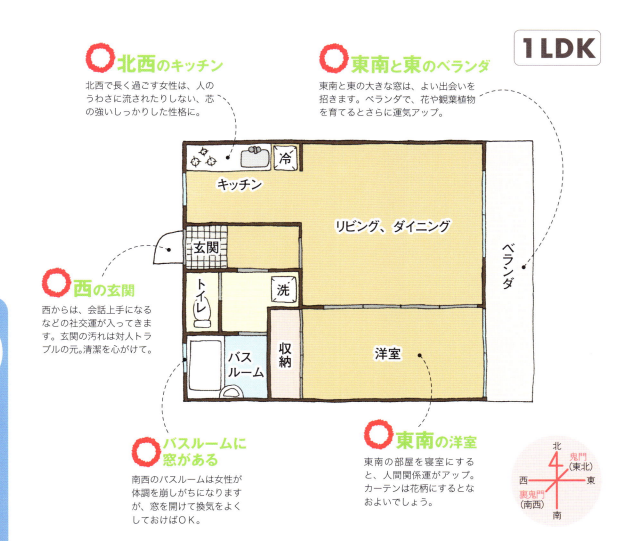

# リビング・ダイニング

リビングとダイニングの吉凶はおもに家庭運に影響を与えます。
とくに悪い方位はありませんが、明るく清潔な状態を
常にキープしておきましょう。

## 北西

北西のリビング・ダイニングは、主人の運気をアップ。仕事も順調に進み、家族にも幸運をもたらします。また、勝負運もつき、大きな賭けごとにもつきがまわってきそう。北西には重厚感のある家具がおすすめです。応接間として使ってもよいでしょう。

## 北

日当たりはよくありませんが、一日の温度差が少ないので、運気も安定します。家族の信頼関係も強くなるといわれています。

## 東北

鬼門ですが、換気と掃除をまめにしていればOK。財運に関わる方位なので、気を抜くと家族間で相続などのトラブルが起こる可能性が。

## 西

西のリビング・ダイニングは、西が招く金運のなかでも、とくに商売の運気をアップさせます。自営業の家にはおすすめ。ただし、ゴミ箱やドライフラワーなど、悪い気を引き寄せるものを置くと、金運がダウンし、家族仲がぎくしゃくしがちなので避けて。

## 中央

すべての運気がアップするリビング・ダイニングです。長く過ごすほど吉。とくに家庭運、才能運がアップします。

## 東

午前中から日当たりが良く、窓があればさらに最高の方位。住む人に活気があふれ、健康運がアップします。

## 南西

主婦の方位なので、主婦が長い時間を過ごせるような居心地のよいリビング・ダイニングだと、家庭が落ち着きます。インテリアは落ち着いた色を選ぶと吉。和室のリビングにする場合にも、最適な方位です。広いほど吉。

## 南

日当たりもよく、過ごしやすいでしょう。コミュニケーションも増え、家庭運がアップ。ただし水を嫌う方位なので、水槽は置かないこと。

## 東南

室内が明るくあたたかく、快適に過ごせる最高の方位。家族が仲よく、来客も多い、明るい家庭になります。風通しをよくすればさらに吉。

# キッチン

火と水を使うキッチンは、方位との相性もデリケート。
キッチンをよく使う主婦の運気と、金運に影響します。
相性が悪い方位には、盛り塩を置くとよいでしょう。

## 北西

北西は主人の方位。そこに主婦がいる時間が多くなると、主婦が主導権を握る家庭になりがち。けれども大きな問題はないでしょう。

## 北

日当たりが悪く冷えるので、主婦が体調を崩しがちなキッチンです。なかなか子宝に恵まれない可能性も。足もとはあたたかくし、インテリアに暖色系を取り入れましょう。北は貯蓄運に関係するので、北にキッチンがあるとお金が貯まらないともいわれます。

## 東北

鬼門と水まわりは相性が悪く、悪い気が発生しやすいので、とくにていねい掃除しましょう。盛り塩を必ずどこかに置いて。

## 西

西とキッチンは相性が悪く、主婦がさぼりがちに。生ゴミの置きっぱなしは厳禁です。とくに金運がダウン。無駄遣いや衝動買いに気をつけて。

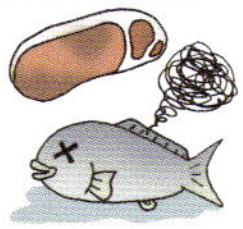

## 中央

運気の波が激しくなりがち。たとえば金運なら、突然の収入があっても急に大きな出費があるなど、不安定な状態が続き、心配事が増えることも。

## 東

キッチンには最適な方位。窓があれば、そこから差し込む朝日のパワーで、主婦にやる気が出ます。おいしい食事で家族の健康運もアップ。

## 南西

南西は主婦の方位ですが、南西とキッチンは相性が悪く、主婦の健康運がダウン。西日の影響で夏場は熱くなるので、こまめに換気をして風通しをよくするなど、温度変化に注意しましょう。また、南西がもつ忍耐力が低下し、貯金が続かなくなる傾向も。

## 南

南のキッチンは日当たりがよいため開放的な気持ちになり、無駄遣いが多くなりがち。食器やキッチン用品をピカピカに磨いて、金運を招きましょう。また、南は水を嫌うので、シンクに水はためず、水滴はこまめに拭きとりましょう。

## 東南

女性と相性のよい方位なので吉。悪臭をとくに嫌うので、生ゴミはこまめに処分しましょう。長いキッチンマットを敷くと運気アップ。

# 寝室

寝室は基本的にどの方位でも、問題はありません。
年齢や性別によって相性のよい部屋が異なるので、
家族構成を考えて、最適な寝室の配置を考えてもよいでしょう。

## 北西

主人の寝室として最適。エネルギーがしっかり充電され、仕事運がアップ。目上の人からの評価も上がるので、出世も望めます。若い人や子どもよりも、働きざかりの人におすすめです。

## 北

よく眠れて熟睡でき、あらゆる運気がアップ。夫婦の寝室にすれば、愛情が高まり、子宝にも恵まれます。寒さ対策には厚手のカーテンを。

## 東北

跡継ぎの寝室として最適。ただし大きな窓があると、気持ちが不安定になりがちです。寝るときは窓とカーテンを､必ず閉めましょう。

## 西

落ち着いて眠れるので年配者におすすめ。重厚感のある家具や、高級な家具を置きましょう。運気が安定します。

## 中央

事業運がつくので、自営業の人におすすめ。リーダーシップを発揮したい人にも吉。

## 東

バリバリ働きたいという若い人や、子どもに最適。朝日のパワーを受けてやる気が湧いてきます。起きたらまずカーテンを開けて、よい気を取り込んで。眠るときは二重カーテンでしっかり遮光しましょう。朝までぐっすり眠って、疲れ知らず！

## 南西

夫婦の寝室におすすめ。南西は大地を象徴する方位なので、床はフローリングよりも自然素材の畳を使った和室がよいでしょう。

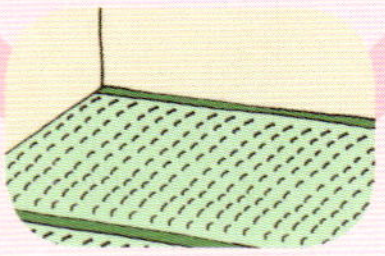

## 南

想像力がよく働き、新しいアイデアを思いつきやすくなります。クリエイティブ関係の仕事をしている人におすすめ。インテリアは、白や寒色系のもので統一しましょう。ベッドの位置は窓際だと落ち着かなくなるで、部屋の中央寄りに置きましょう。

## 東南

若い夫婦や、恋愛運をアップさせたい女性におすすめ。ピンクやオレンジ、花柄の寝具やよい香りのものを置くのも吉。

# 玄関

玄関はすべての運気を左右する、気の出入り口です。
とくに鬼門と裏鬼門には要注意。
凶相の玄関には、盛り塩で厄除けをしましょう。

## 北西

主人に仕事運がつきますが、仕事で家を留守にすることが増えるなど、家から離れる傾向が。主婦がしっかりしていれば家庭に問題はないでしょう。

## 北

北の玄関が寒くて暗いと、夫婦仲や、まわりの人とのトラブルが多くなりがちに。インテリアに暖色系のものを取り入れたり、照明を増やしたりして、玄関は明るくしましょう。暗くなったら早めに外灯をつけて。

## 東北

鬼門の玄関は凶。家全体の運気に影響します。とにかく清潔にすることが大切。盛り塩を必ず置き、塩の量は多めに。観葉植物も◎。

## 西

西の玄関は、喜びや人とのよい出会いを招きます。清潔で明るい玄関なら、来客の多いにぎやかな家に。ただし汚くしていると、金運が落ち着かず、お金の出入りが激しくなることも。清潔にし、高級感のあるインテリアや雑貨を置いて、金運ダウンを防ぎましょう。

## 中央

玄関の位置としてはもっとも凶。運気の波が激しく、安定しません。幹が太い、大きめの観葉植物を置くと緩和されます。

## 東

午前中からよい気が入り、明るくにぎやかな家庭に。仕事でも積極的になり、新しいチャレンジで成功を収めるなど、上昇の気に恵まれます。音と相性がよいので、ドアにベルなどをつけて、さらに幸運を呼び込みましょう。

## 南西

裏鬼門で凶。清潔を保ち、盛り塩は必ず置きましょう。とくに女性の健康に影響し、病気がちに。青や緑などの寒色系のインテリアを使って、運気ダウンを緩和する工夫をしましょう。

## 南

美を象徴する南の玄関は、美容運アップに。清潔な玄関であれば、人を寄せ付けるよい気も入ってくるでしょう。ただし、水との相性が悪いので玄関に水槽を置くのは厳禁。水拭きをするときも、水滴は残さないようにして。

## 東南

家庭内や近所づき合いなど、人間関係がうまくいく大吉の玄関。香りのよい花を置くと、良縁がやってきます。商売繁盛の運も。

# トイレ

トイレはどの方位にあっても運気ダウンを招くので、方位にあったラッキーカラーなどを利用して対策を。凶相のトイレには、盛り塩がおすすめです。

## 北西

主人の方位にトイレがあると、主人が体調を崩しやすくなります。観葉植物や盛り塩を置くとよいでしょう。

## 北

下半身が冷えて冷え症になりがち。便座に暖房機能をつけるなどで対策を。ファブリックに暖色系の色を取り入れても。

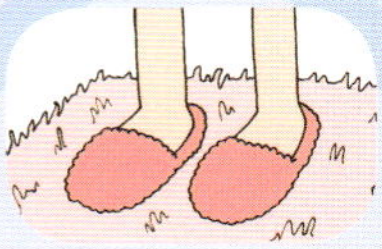

## 東北

鬼門のトイレは凶。とくに男性や長男の運気に影響し、健康運がダウンします。なるべく毎日掃除をし、盛り塩を置きましょう。

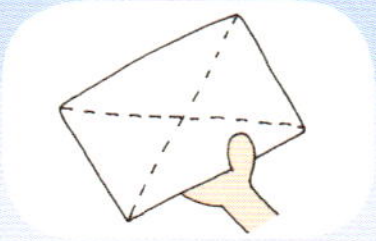

## 西

西のトイレは金運と健康運を下げ、とくに若い女性に影響があるとされています。金運ダウンには、トイレマットをブランド品にするなど、豪華なイメージにして対策を。健康運には、便器の掃除とタオルの交換をこまめに行うこと。さらに盛り塩をまけば安心です。

## 中央

その家に住む人のあらゆる運気がダウン。必ず盛り塩を置きましょう。ラベンダーの花や芳香剤を置くのもおすすめ。

## 東

大きな問題はありませんが、活力をもたらす東にトイレがあると、やる気や向上心を失いがちに。また長男の方位なので、家族が長男のトラブルに悩まされることも。窓があれば窓を開けて換気をし、窓辺に花を飾るとよいでしょう。

## 南西

南西は主婦の方位。そこにトイレがあると、主婦がストレスで体調を崩しやすくなります。主婦の不調は、家族全員の健康に影響するので、運気ダウンを感じたら、対策は早めに。掃除と換気を心がけ、盛り塩を必ず置きましょう。柑橘系の芳香剤もおすすめです。

## 南

水との相性が悪いので凶。健康運に影響し、心身ともに体調を崩すことも。ファブリックをラベンダー色で統一して運気ダウンを防いで。

## 東南

南東はとくに悪臭を嫌う方位です。換気が悪いと臭いがこもるため、南東のトイレは、窓がなければ凶になることも。よい香りの芳香剤などで運気アップして。

# 洗面所・バスルーム

トイレと同様、水まわりはどこにあっても凶です。
鬼門と裏鬼門はとくに要注意。
凶相には、こまめな掃除と換気をすること!

## 北西

主人の方位なので、ここに水まわりがあると主人の運気がダウン。樹木系の香りの入浴剤や、木製のバスグッズがおすすめです。

## 北

主人が浮気がちになるとされています。愛情運を引き寄せるためには、暖色系のファブリックを取り入れましょう。寒いバスルームは、女性の冷え症や婦人科系の病気の原因に。バスマットを敷いて足元をあたためるようにして。

## 東北

鬼門なので凶。北東のバスルームは心身の浄化ができず、体調を崩しやすくなります。バスグッズは清潔感がポイント。

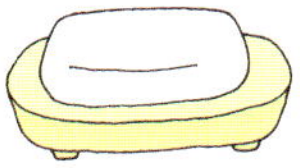

## 西

西のバスルームは、金運に影響。金遣いが派手になり、とくに女性が遊びがちに。フルーツの香りのせっけんで気持ちを落ち着かせましょう。

## 中央

中央の水まわりは家庭を冷やし、夫婦間の愛情も薄くなりがち。窓がないと、悪い気がどんどんたまってしまうので、換気扇を長めにまわして。

## 東

厄落としの場所として最適。体についた悪い気を流しつつ、気分もリフレッシュ！　考えごとをすれば、よいアイデアが浮かびそう。防水テレビや防水ラジオで、バスタイムを楽しむのもおすすめです。窓がある場合は、積極的に開けてよい気を取り入れましょう。

## 南西

裏鬼門で凶。女性が体調を崩します。体調の悪化から女性の気持ちが不安定になり、夫婦も不仲になる傾向が。入浴後の残り湯を捨て、窓を開けるか換気扇を長めにまわすことを習慣づけましょう。洗面所も同様です。

## 南

南は水との相性が悪く、運気を下げます。大量の水を使うので、バスルームは凶。観葉植物を置いて、緩和しましょう。

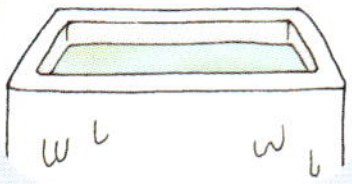

## 東南

若い女性は美容運がアップし、良縁に恵まれます。窓があればさらに吉。結婚している夫婦は、いつまでも仲睦まじくいられます。

Family Lifestyle

# ファミリーライフスタイル

>2LDK
>3LDK

ここでのファミリーライフスタイルとは、二人以上の家族が住む、生活スタイルのこと。2LDKと3LDKの間取り例を紹介します。

願いごとをかなえる間取りI

## 金運を上げたい！

## 2LDK

**〇北の洋室**

快眠できる北は寝室におすすめ。体が健康になれば、仕事もはかどり金運にも相乗効果。

**〇東北の洋室**

跡継ぎが使うと吉。きれいにしておけば、相続に関する金銭トラブルに悩まされることもないでしょう。

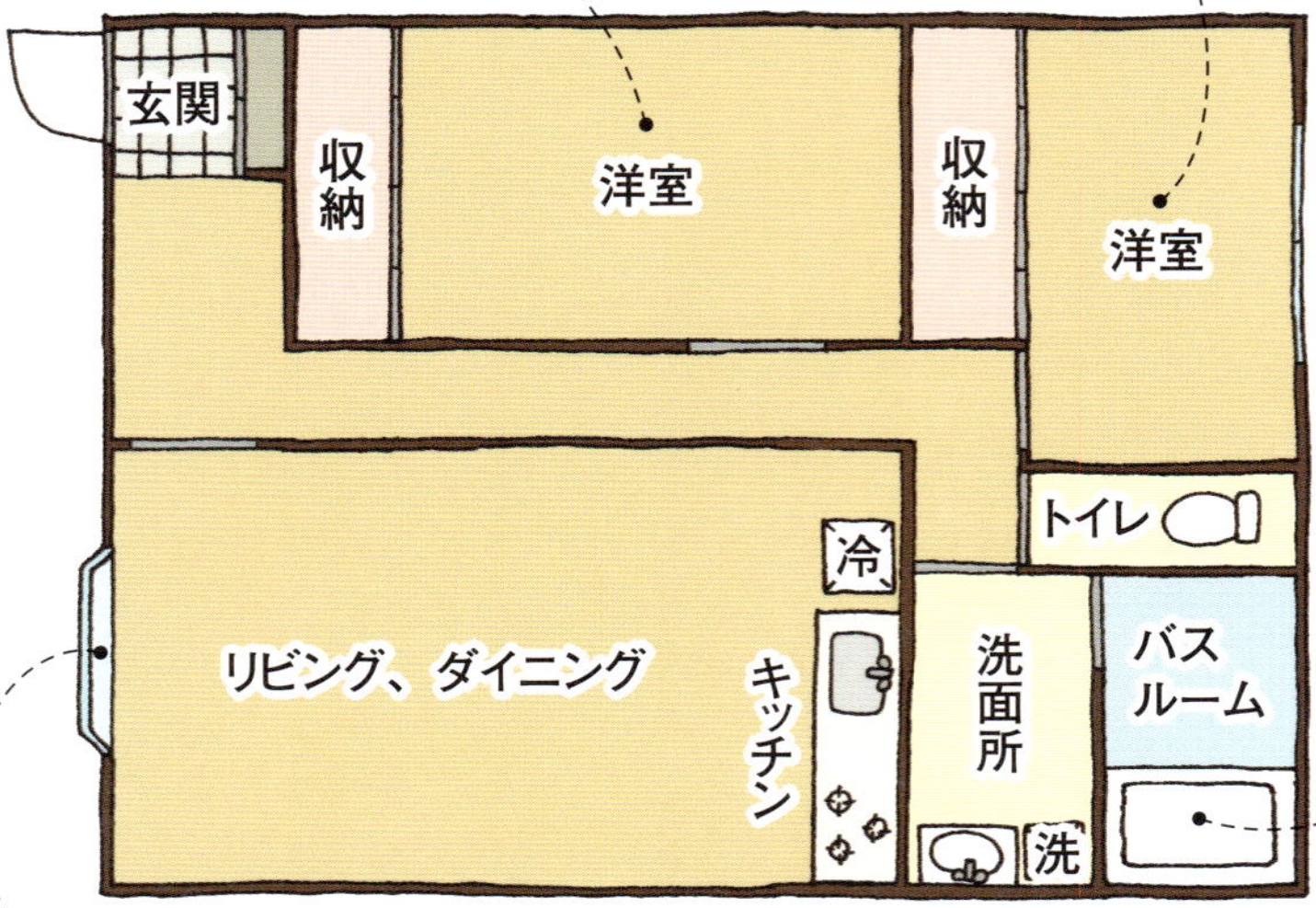


**〇東南のバスルーム**

東南のバスルームは大吉。ジャスミンやキンモクセイの香りの入浴剤でさらに金運アップも。

**〇西の窓**

西の窓は金運を呼び込みます。窓は常にピカピカに。

### 金運に関係する気は西と北にあり

ひとり暮らしのうちは、そんなにお金を貯める必要もないかもしれません。しかし、家族をもつ身ともなると、お金が入ってくることに加えて、入ってきたお金をためておくことも重要になってきます。

そこで注目するべきなのは、手に入れたお金を財産に変えて蓄えておくパワーをもつ、北と西の間取り。北や西に収納があるか、または小さめの窓があると、金運を招く理想の間取りといわれています。

北は静かに落ち着ける場所でもあるので、北にある部屋を寝室として、しっかりと休んで体調を整えれば、仕事もはかどり金運アップにつながります。

### 金銭の相続問題は東北を吉相にして解決

東北をきれいにしておけば、親戚間での相続にまつわる金銭トラブルを防げます。すでにそのような問題で悩んでいる場合は、東北を見直してみましょう。不動産運もあるので、マイホームをもちたい場合などにも、予算に見合ったよい家が見つかる手助けになるでしょう。

**3LDK**

## 北西のバスルーム

汚くしていると金運ダウンにつながるので、こまめな掃除と換気を！

## 北の収納スペース

北に収納スペースがあると、貯蓄運がたまります。物をつめ込み過ぎず、ゆとりをもった収納を。

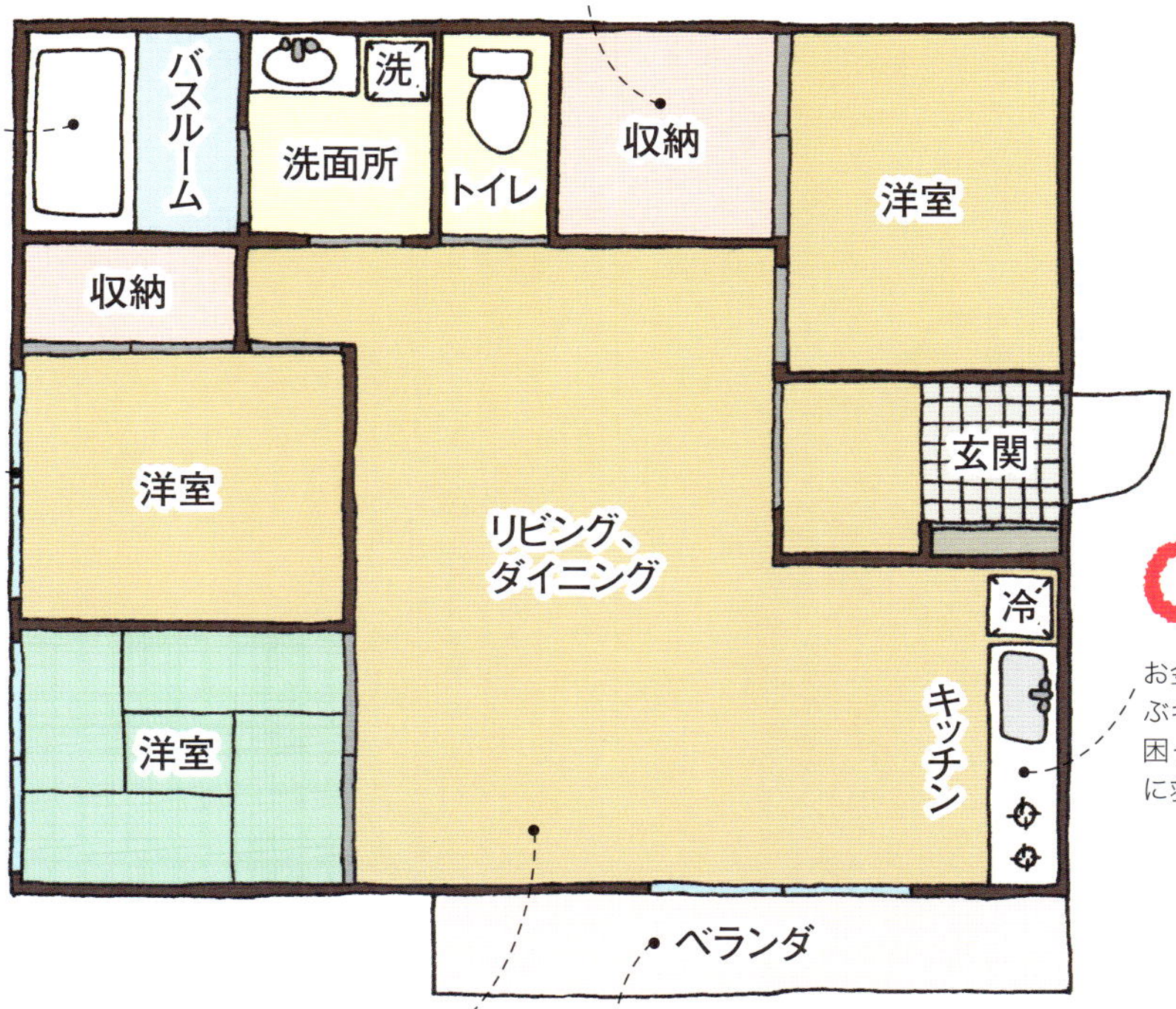


## 西の窓

西の窓は金運を呼び込みます。西をきれいにして、大切なものを置きましょう。

## 東南のキッチン

お金との縁(円)を呼ぶキッチン。お金に困っても周囲の援助に救われることも。

南のスペースをきれいにすると直感力がさえます。宝くじの当選確率もアップするかも？！

## 東南のベランダ

東南の大きな窓は、人を引き寄せる運を呼び込みます。サービス業の家庭におすすめ。

## さらに金運アップできる風水テク

### 宝くじは北か北西に保管

宝くじの保管場所に困ったら、財運を招く北か、勝負運をもつ北西がおすすめです。購入した宝くじは、黄色の布や箱に入れてしまっておきましょう。ゴールドのワンポイントも◎。大切に扱うことがポイントです。

### 西に通帳や財布、北に権利書や実印を

西はお金の流れをよくする方位。ふだん持ち歩く財布や通帳などは西に収納するのがおすすめです。一方、貯蓄のパワーをもつのが北。土地の権利書や実印など、資産に関するものは北に収納するとよいでしょう。

## 願いごとをかなえる間取りII
# 家庭運を上げたい！

2LDK

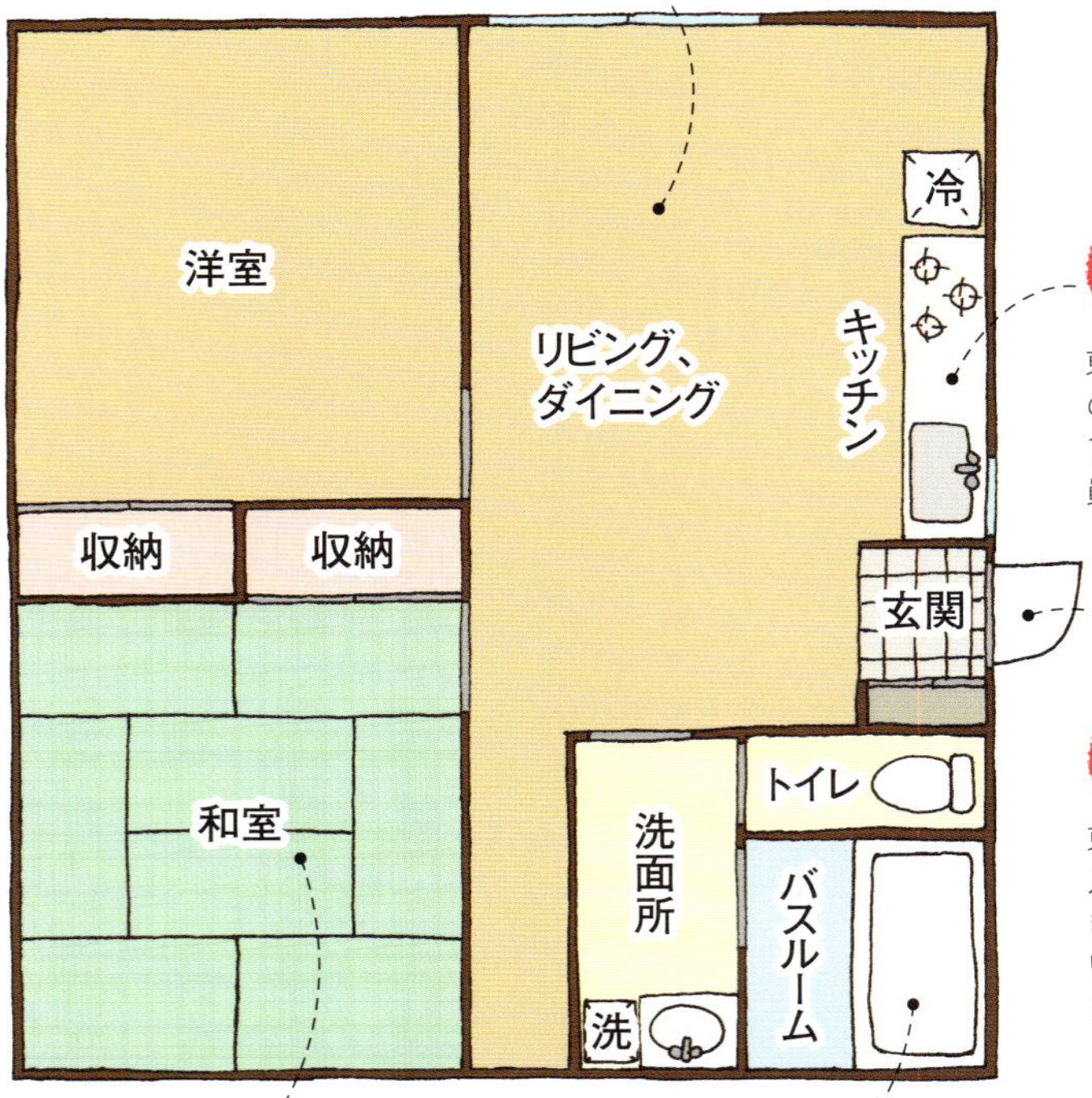

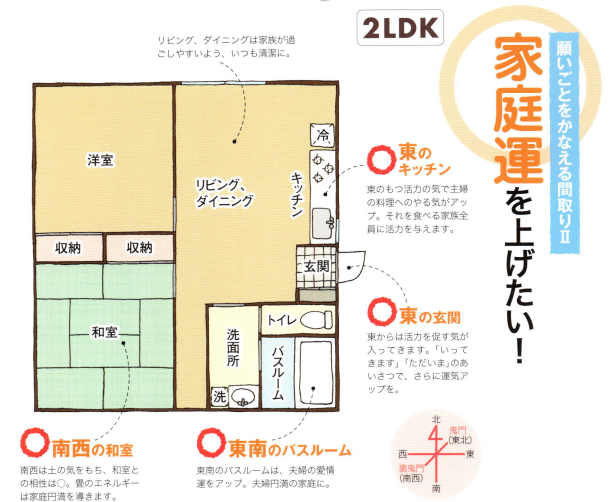

リビング、ダイニングは家族が過ごしやすいよう、いつも清潔に。

### 東のキッチン
東のもつ活力の気で主婦の料理へのやる気がアップ。それを食べる家族全員に活力を与えます。

### 東の玄関
東からは活力を促す気が入ってきます。「いってきます」「ただいま」のあいさつで、さらに運気アップを。

### 南西の和室
南西は土の気をもち、和室との相性は○。畳のエネルギーは家庭円満を導きます。

### 東南のバスルーム
東南のバスルームは、夫婦の愛情運をアップ。夫婦円満の家庭に。

## 家庭運をつかさどる南西をきれいにして

家庭運は、その家の子どもの将来の家庭運にも影響を及ぼすもの。家庭運のない家で育った子どもは、大人になっても家庭運が悪くなりがち。この負の連鎖を断ち切るためにも、風水で家庭運の悪さを和らげましょう。

家庭運をつかさどる方位は南西。南西は整理整頓を心がけましょう。裏鬼門は悪い気が通る方位なので、そこに悪い気がたまらないよう、収納などで壁になっている間取りが理想的です。

## キッチンは東南が吉。ただし悪臭はNG

家族みんなの食事をつくる、キッチンの方位も重要です。東南にあるのが理想ですが、東南は悪臭をとくに嫌うので、生ゴミはためないように。ゴミ箱は必ずふた付きのものにしましょう。

キッチンの運気の乱れは、家庭のすべてに影響します。キッチンは火の気と水の気が入り乱れて、気のバランスを崩しやすい場所。油断するとすぐに運気ダウンにつながるので、東南のキッチンであっても、換気をよくし、清潔な状態を保つようにしましょう。

**3LDK**

## ○北西の洋室

北西は主人の方位。主人の寝室や書斎にすると主人の運気がアップし、家庭も安定します。

## ○東北の洋室

跡継ぎ（長男）が使うと吉。しっかり者に育ち、親の心配なく育つでしょう。

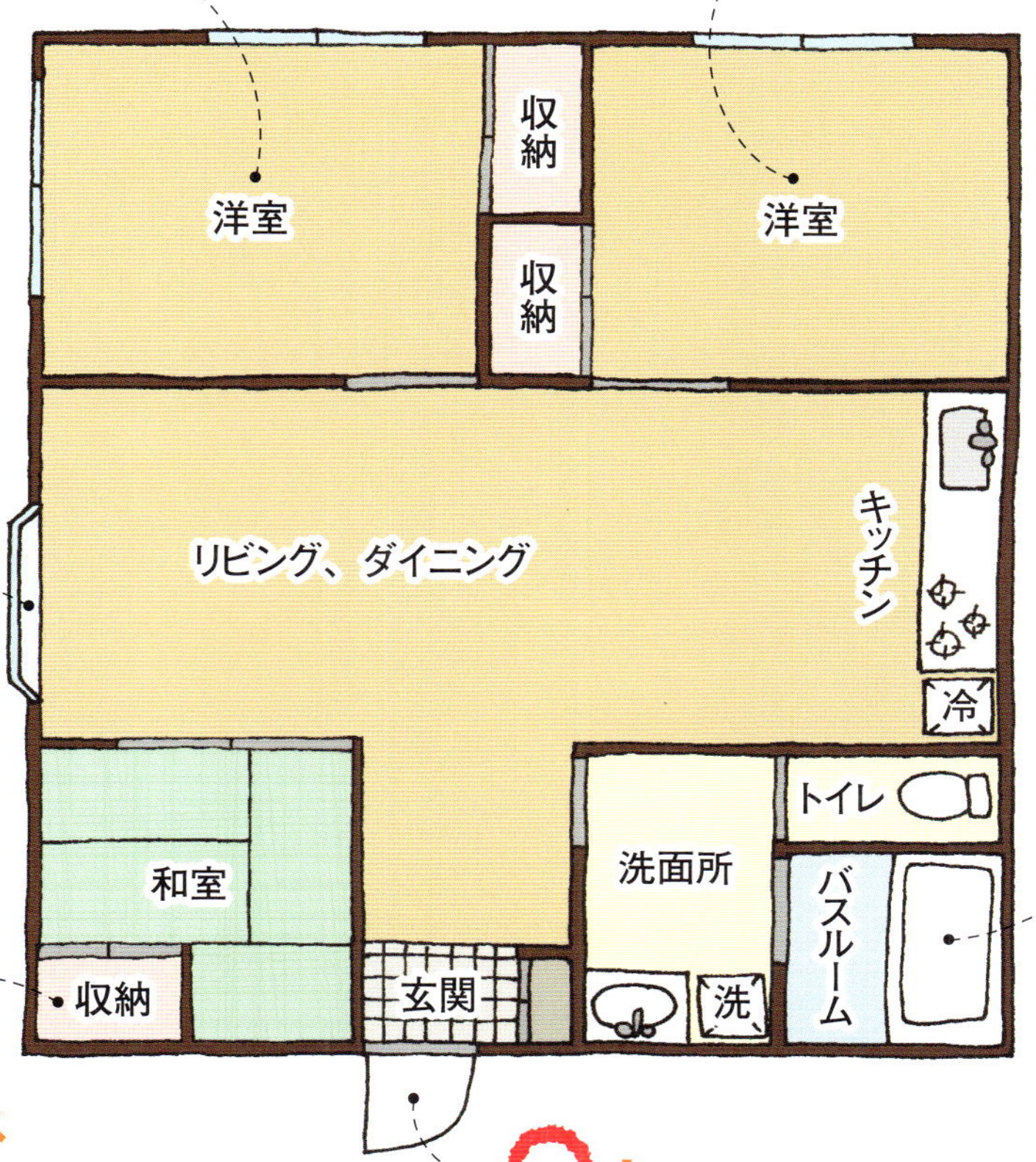


## ○西の窓

喜びを集める西の窓からの気を取り込めば、家族の楽しい会話が増えるでしょう。

## ○東南のバスルーム

東南のバスルームは愛情運を高めます。

## ○南西の収納スペース

裏鬼門は壁でふさがっていると吉。主婦の運気が安定し、家庭もおだやかになります。ただし、湿気がたまらないように注意。

## ○南の玄関

南からは、自分らしさや才能を引き出す運気が入ってきます。

## さらに家庭運アップできる風水テク

### ベランダでガーデニングをする

土は家庭運の象徴。土や植物に触れることで家庭運がアップします。育てる自信がない人は、小さな鉢植えをひとつ置くだけでも。ただし、枯葉や土でベランダが汚れていると逆効果なので、手入れはまめに。

### リビングの照明に白熱灯を使う

あたたかみのある光は家庭運を上げるので、リビングの照明は白熱灯がおすすめです。最近では暖色系に光る蛍光灯もあるので、それでもOK。もしくはテーブルランプで取り入れてもよいでしょう。

2LDK

願いごとをかなえる間取りⅢ

# 健康運を上げたい！

北側は冷えるので、キッチンマットを敷くなどして、あたたかくしましょう。

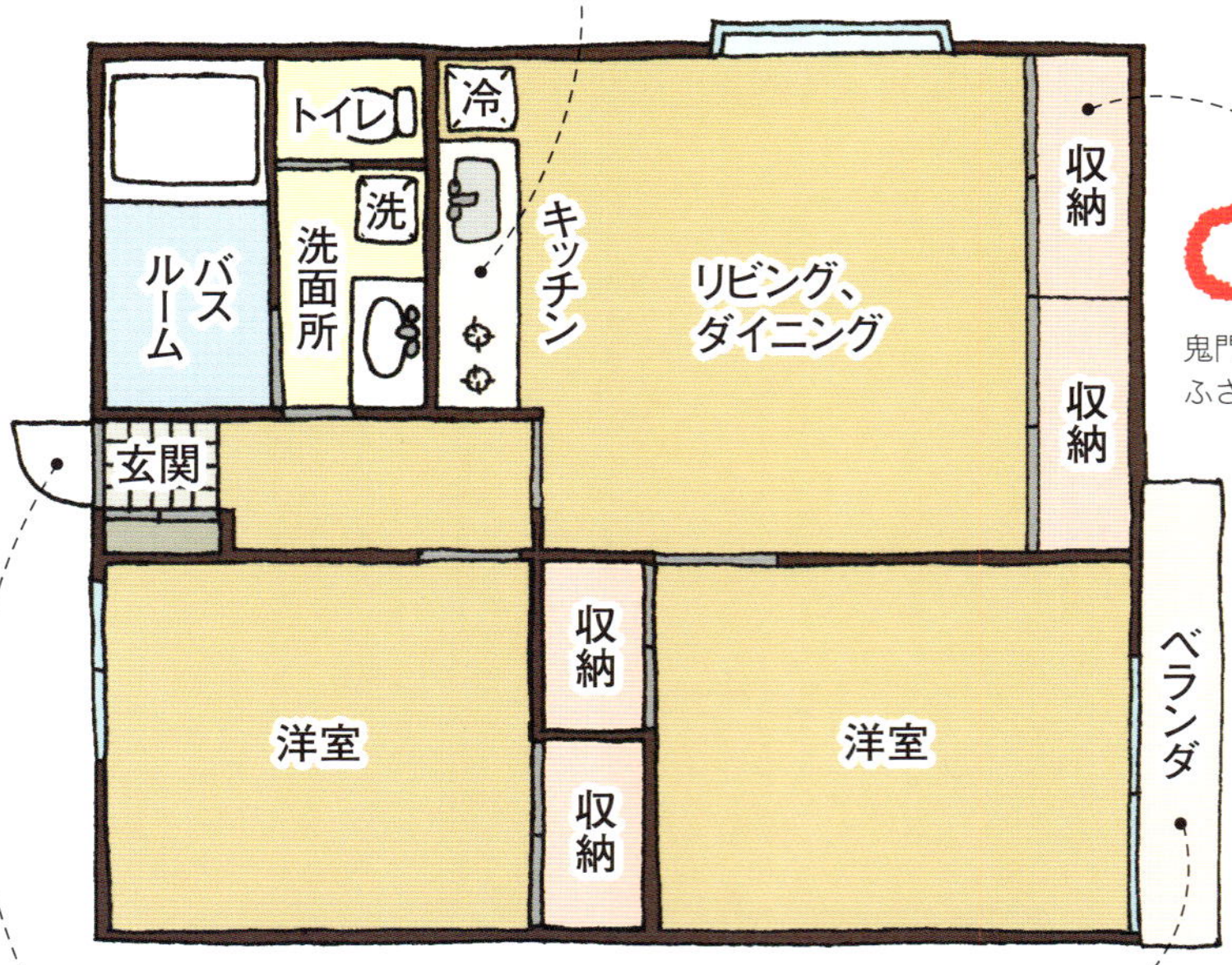


**東北の収納**

鬼門は収納などで壁がふさがっていると吉。

**西の玄関**

楽しみごとを引き寄せる西の玄関。休日も娯楽に出かけてリフレッシュできそう。

**東南のベランダ**

東南の大きな窓は開けて風通しをよくして。あらゆる運気がアップ。

## 健康運アップには北の寝室が吉

健康は何よりも大切なこと。家族全員が健康であることは、家庭の幸せの基本です。健康運を呼び寄せる方位は北です。北を寝室にすると熟睡できるうえ、寝ている間によい気が体に取り込まれます。夫婦の寝室にすれば、二人の体調が整い、子宝運に恵まれる可能性もぐんとアップ。

ただし、北は冷える方位でもあるので冬場はあたたかくすることが大切。暖色系のインテリアでまとめ、厚手のカーテンをするなどして寒さ対策をしましょう。

## 東は若い人に西は中高年以上の人に

東は発展の気をもち、成長を促す方位なので、若い人が使うとよく、子ども部屋におすすめ。健やかな成長が期待できます。とくに男の子が使うとよいとされていますが、女の子が使っても問題はありません。活力にあふれた元気な子どもに育つといわれています。

年配者や中高年の夫婦の部屋は西に。発展していくというよりおだやかな暮らしを求める年代には、落ち着いて過ごせる西の方位が健康にも最適です。

**3LDK**

### ○西の洋室

西の部屋を寝室に使うなら、中高年以上の年配者に。落ち着いた気が満ちています。

### 北西のバスルーム

主人が体調を崩しやすくなる方位なので、盛り塩を置きましょう。掃除もていねいに。

### ○東のベランダ

東側の窓からは発展の気が入り、子どもたちの健やかな成長を促します。

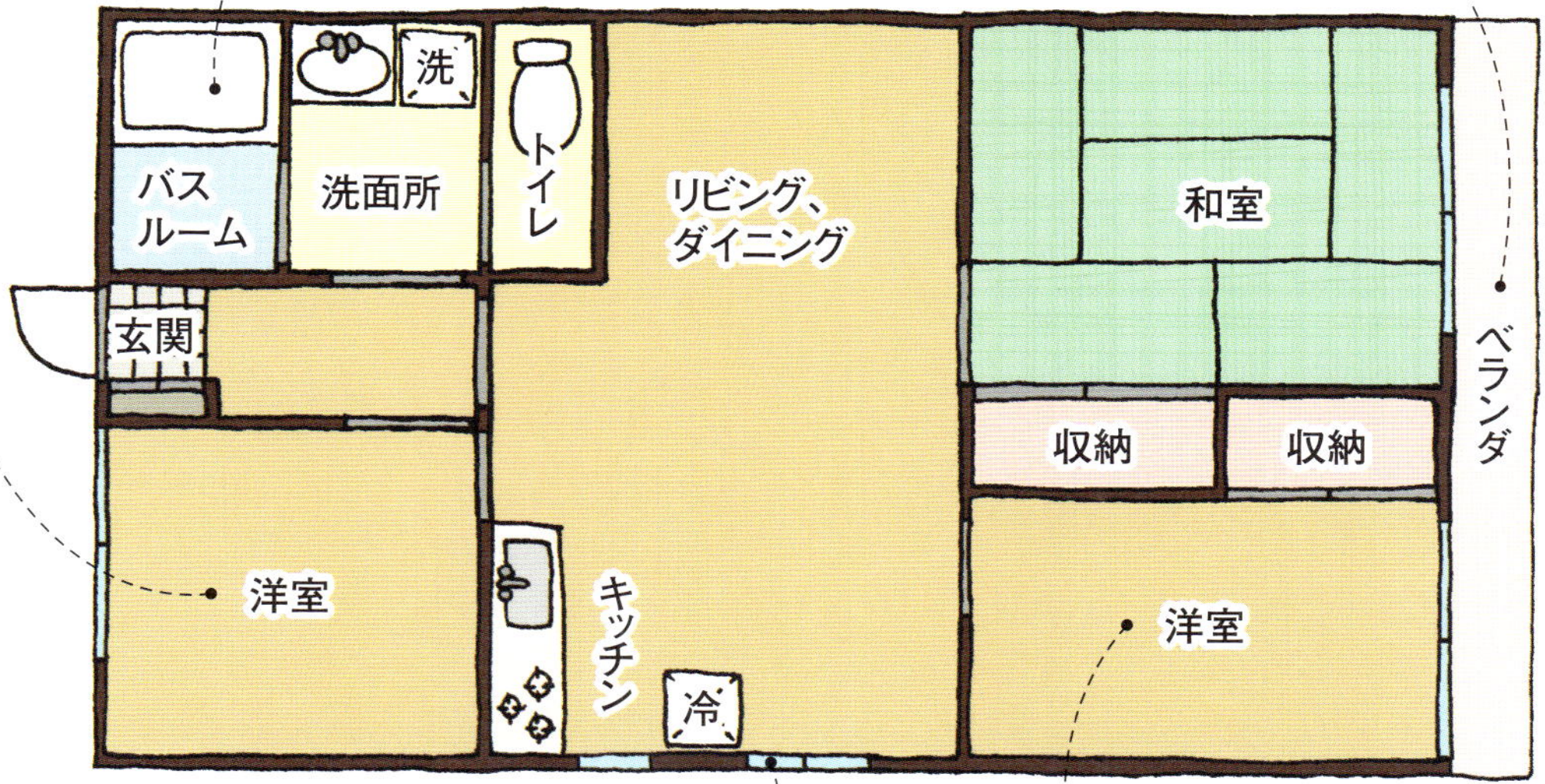


### ○キッチンに窓がある

キッチンの窓は吉。積極的に開けて換気をしましょう。

### ○東南の洋室

寝室にするなら、女の子におすすめです。部屋の南側に鏡を置けば美容運アップも。

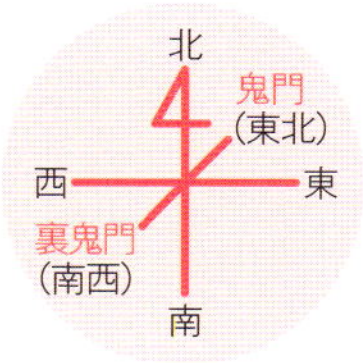


## さらに健康運アップできる風水テク

### 北にアメジストを飾る

癒やしのパワーをもつアメジストは、日々の生活の疲れやストレスを和らげてくれるといわれる石。枕元に置いておくと、安眠をもたらします。不眠に悩んでいる人は、枕を北枕にしてアメジストを置いてみて。

### 北に柑橘系の香りグッズを置く

健康運に影響する北の部屋には、グレープフルーツやオレンジ、レモンなどの香りグッズを置きましょう。柑橘系の香りは健康運アップに効果的。北のバスルームなら、せっけんや入浴剤で取り入れても。

2LDK

願いごとをかなえる間取りⅣ

# 仕事運を上げたい！

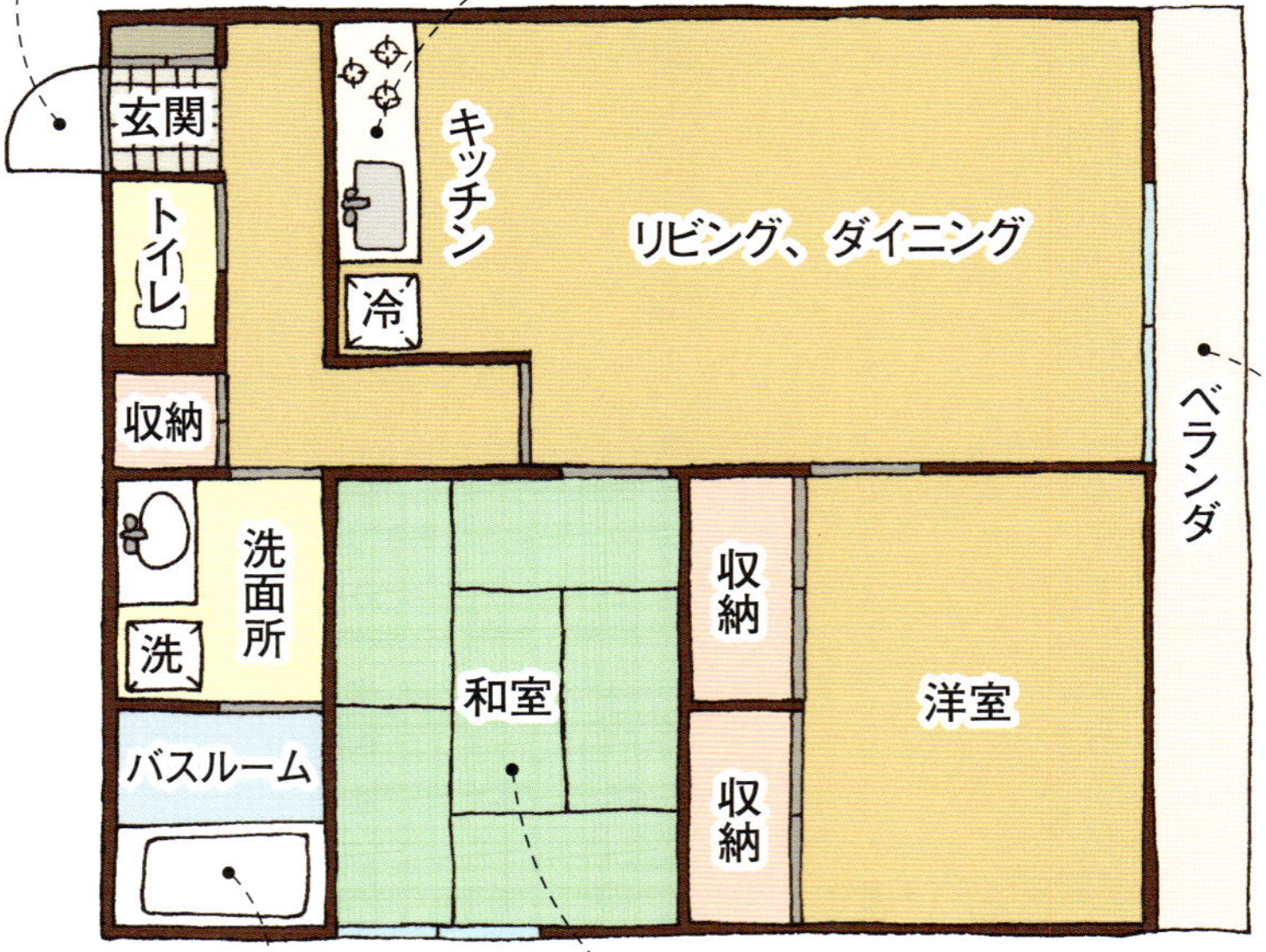


**北西の玄関**

北西のもつ仕事運を高める気が入り、主人が忙しく働き者に。

**北西のキッチン**

北西で長く過ごす主婦は、しっかり者になり、家計もやりくり上手に。

**東のベランダ**

東の大きな窓からは、発展を促す気が入ってきます。朝は5分でもよいので窓を開け、朝日のパワーを取り込んで。

**南西のバスルーム**

裏鬼門のバスルームは清潔に。湿気を嫌うので、窓を開けるなど換気を心がけましょう。

**南の和室**

主人の寝室にすれば寝ている間に南のもつ才能を引き出す力がそなわり、出世へ導きます。

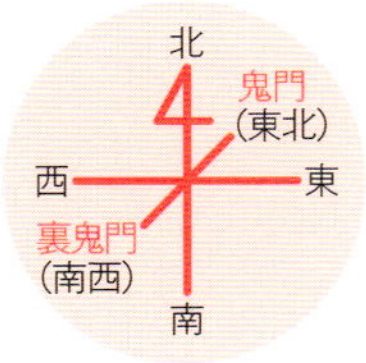


## 東南は人望、南は決断力をつける

家族をもつ年齢になると、上司だけでなく部下ももつようになります。部下や取り引き先からの人望や、責任者としての決断力も要求されます。

人から信頼されるには、信用の気をもつ、東南の気を取り入れましょう。東南に玄関や窓がある間取りが吉です。

決断力をもたらすのは南の方位。南を主人の寝室にすれば、出世も期待できるでしょう。また南は社交運ももち、誰とでもうまく交わっていけるようになるパワーも補ってくれます。

## 職業によって吉方位が異なる

職業によっても、効果的な気を得られる方向は異なります。職業に適した方位のもつ気を窓や玄関から取り入れたり、その方位をきれいにしたりして運気をアップさせましょう。

芸術や芸能関係の仕事をしているなら、音や情報をつかさどる東の気、医療関係の仕事なら健康運をつかさどる北の気、金融関係の仕事なら金運をつかさどる西の気、人と接することの多いサービス業や営業職の人なら東南の気が効果的です。

# 3LDK

## ○北西の和室

北西は主人の方位。主人の寝室や書斎におすすめ。運気がアップ。主人の仕事道具も北西に置くとよいでしょう。

## ○北の洋室

寝室として使うと吉。落ち着いた睡眠がとれてしっかり休めるので、仕事の能率もアップ。

仕事運を招く東に窓がない場合は、風景画を飾って運気アップを。赤い花を飾るのもおすすめ。

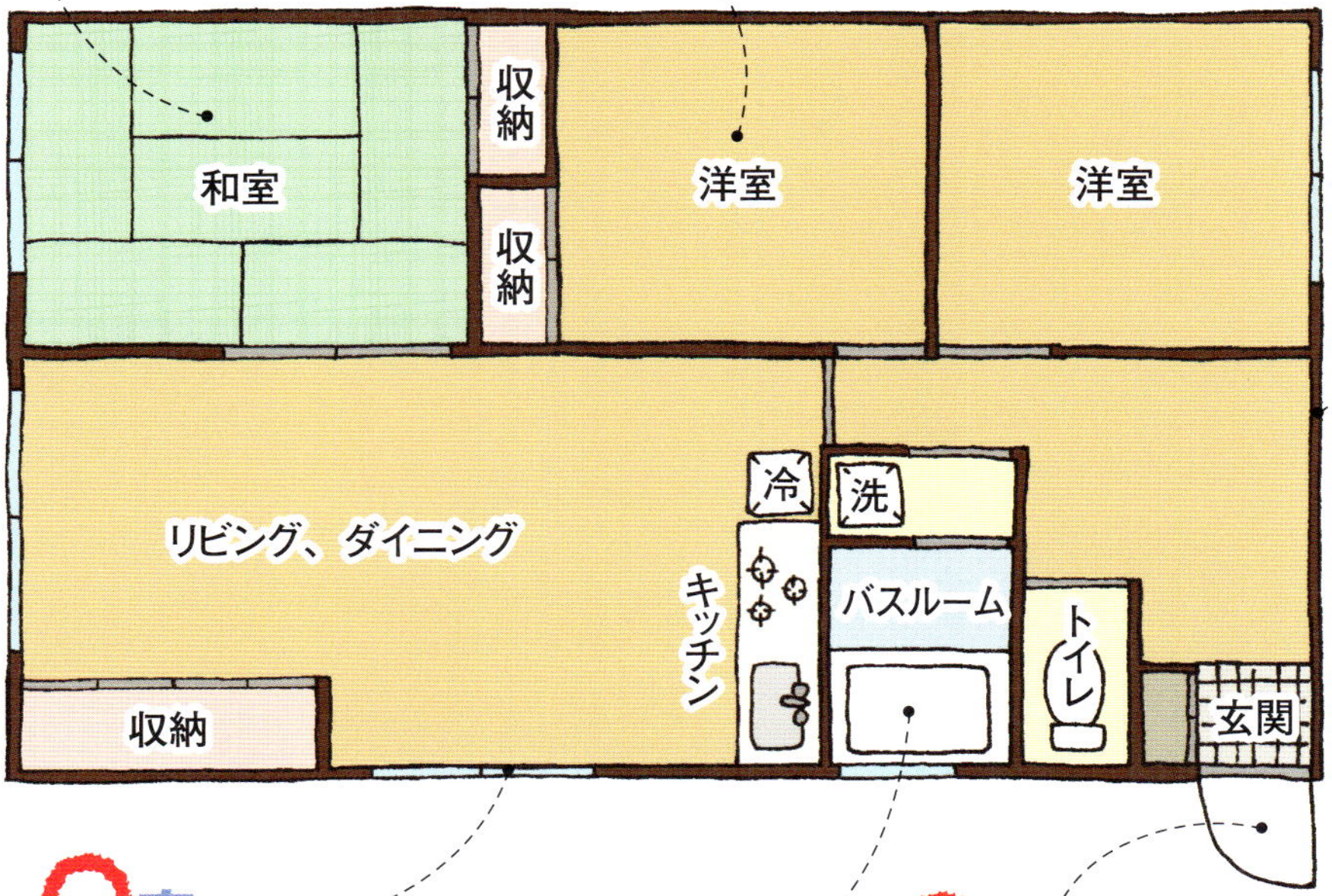


## ○南の窓

南の窓からは、直感力やひらめきがさえる気が入ってきます。企画力がアップ。

## ○東南のバスルーム

東南のバスルームは人望を集め、職場での信頼度がアップします。

## ○東南の玄関

人間関係をアップさせる気を引き寄せるので、人と接する職業の人に吉。

## さらに仕事運アップできる風水テク

### 北西に主人の物を収納する

北西は仕事運を味方につける方位。北西に主人のスーツや通勤かばんなど、仕事に関係のある物を収納しておくと、仕事運がアップします。目上の人に評価され、昇進も期待できます。主人の寝室や書斎ならなお吉。

### 北西にパソコンを置く

仕事用のパソコンは、仕事運をアップさせる北西に置きましょう。またパソコンはメールなどでコミュニケーションを図るツールでもあるので、人間関係が良好になり、仕事仲間からの信頼度も上がります。

2LDK

願いごとをかなえる間取りV

# 人間関係運を上げたい!

### 北西の洋室

北西は目上の人や上司に恵まれる気をもっているので、主人の寝室にするとよいでしょう。

### 東南のリビング、ダイニング

東南は人間関係をよくする気をもちます。家族全員が仲のよい家庭に。

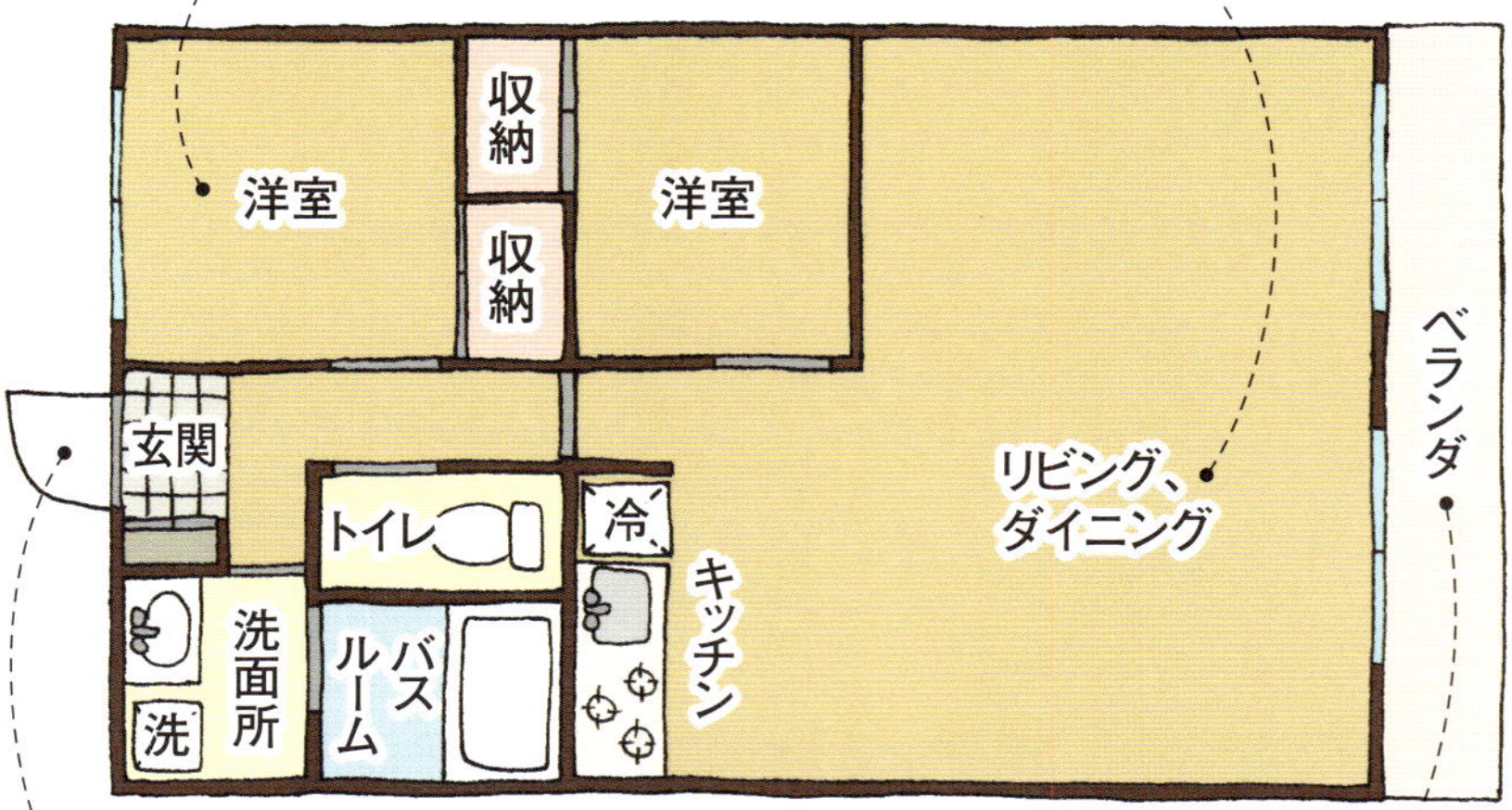


### 西の玄関

西は楽しみをもたらし、客の出入りが多いにぎやかな玄関に。玄関前はきれいに掃除して。

### 東南のベランダ

東南の大きな窓は、人気運を集めます。

## どんな人間関係にも効く万能な方位は南東

家庭をもつと、友人や職場の同僚などに加えて、親戚やご近所なども増え、人づき合いの悩みが増えてきます。そんなときは東南のよい気を取り入れて。東南の気は人間関係に関わる、すべてのことによい作用をもたらすとされています。

## 上司とは北西の寝室 近所の人とは東の窓

上司や年上の人との関係をよくしたいなら、北西の部屋を寝室にするのがおすすめです。また、西も年配者とのつき合いをよくする方位とされています。

近所づき合いは、東の玄関や窓が吉。東のもつコミュニケーション力の気を取り込みましょう。姑との不仲に悩んでいるなど、親戚づき合いをよくしたい場合は、東北をきれいにすること。どの部屋がその方位にあるとしても、鬼門である東北は清潔が第一。水まわりがある場合は凶とされますが、だからといってあきらめてはダメ。掃除と換気を徹底すれば、運気ダウンは防げます。

## 3LDK

東北をきれいにすると、親戚づき合いがよくなりトラブルを防げます。

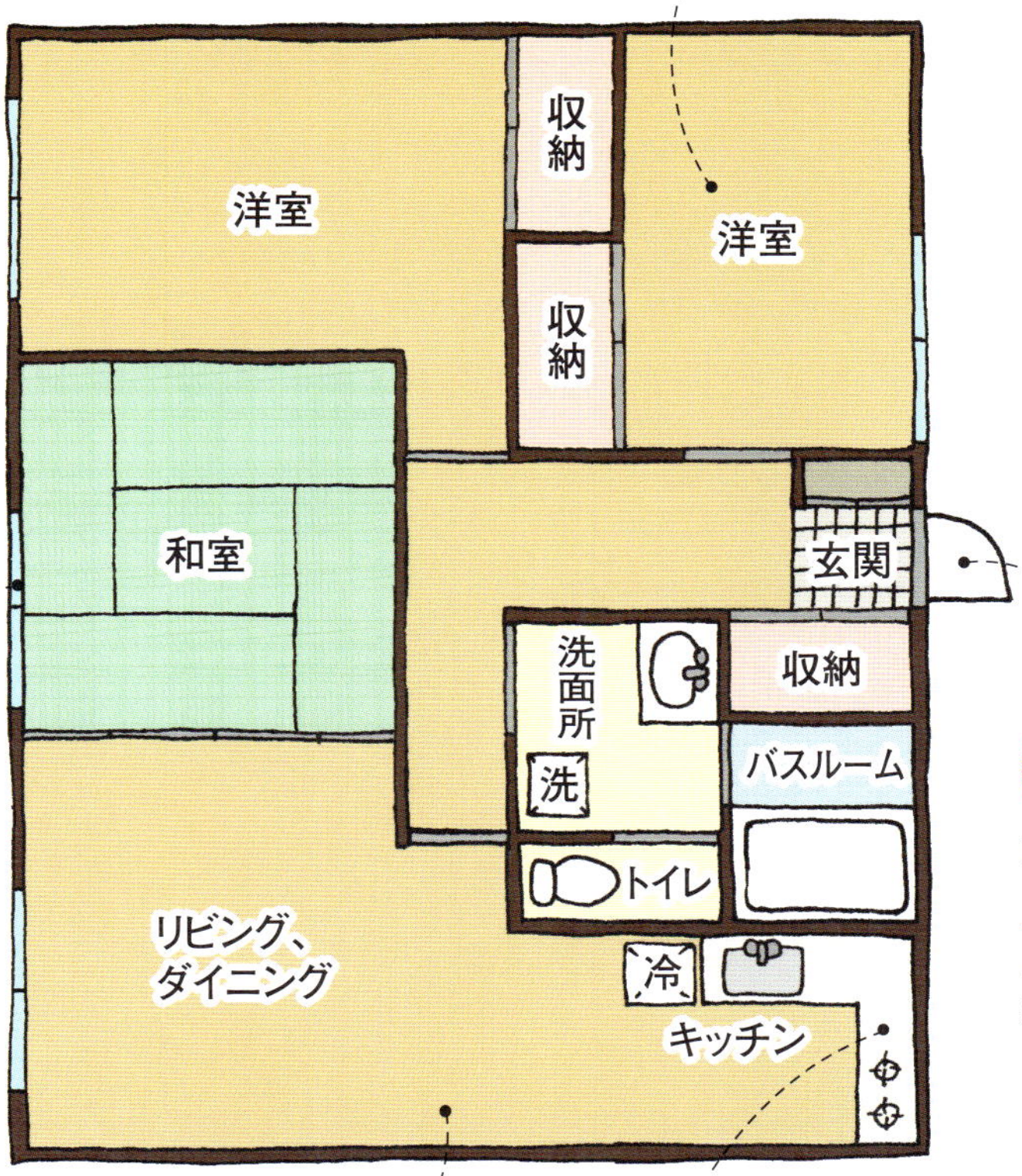

**西の窓**

西は社交運を引き寄せ、人づき合いがうまくなります。

**東の玄関**

東からは、コミュニケーション力を取り込みます。きれいな音のする鈴を玄関に置いて、さらに運気アップ。

テレビはコミュニケーション力に関係するので、ホコリをためないように。

**東南のキッチン**

東南でつくられた料理は人間関係をよくする気を含み、食卓を囲む家族の仲も円満に。

## さらに人間関係運アップできる風水テク

**パワーストーンで**

### 東南にターコイズを置く

ターコイズは明るさとコミュニケーション力をアップさせるパワーをもっています。人と接する仕事をする人には、とくにおすすめ。アクセサリーとして身につけたり、かばんに入れてもち歩いてもよいでしょう。

### 東南に電話や携帯の充電器を置く

情報をもたらすツールである電話は、コミュニケーション力をアップさせる東南に置いて、コミュニケーションパワーをチャージして。携帯電話もできれば東南に定位置を決めて、充電させましょう。

# 階段

階段は気が通り抜けてしまうので、
方位のパワーを維持できません。
窓のない階段は、足元照明をつけて明るくしましょう。

## 北西

主人の方位である北西の階段は、主人の運気が落ち着かず、家庭も不安定になりがち。暗い場合は、足元照明を増やしましょう。

## 北

北の冷気が上階を寒くします。暗い場合は、照明を明るくしましょう。換気が悪いと運気を悪くするので、植物などを置いて空気を浄化して。

## 東北

窓があっても日が当たらず暗いので、明るい照明にしましょう。鬼門ですが、清潔にさえしておけば問題ありません。インテリアはラベンダー色を取り入れるのがベスト。またはベージュでもよいでしょう。凶相が緩和できます。

## 西

金運に関係する方位なので、西に階段があると金運がどんどん抜け出ていってしまいます。大きな窓がある場合はさらに悪影響。西日がまぶしくなり、転倒の事故にもなりかねません。遮光カーテンで、しっかり遮光しましょう。

## 中央

家の中心に大きな空間があると、家が安定せず運気がダウン。階段と中央はもっとも相性が悪いとされ、とくに家庭運に影響が。また、中央は窓がないことが多いので暗く、気がこもりがちです。足元照明や花で、階段を明るい雰囲気にしましょう。

## 東

窓があれば吉。音に敏感な方位なので、上り下りの足音がうるさいと運気がダウンします。気になる場合はカーペットを敷いて防音を。

## 南西

相性が悪いため、悪い気がたまって転倒などが起こりやすい方位といわれています。明るめの足元照明をつけるとよいでしょう。ホコリをできるだけためないよう、掃除をこまめに行うことも大事。段差がゆるやかな階段がおすすめ。

## 南

太陽からのパワーが抜け出ていってしまい、家の中の活気が失われやすくなります。日差しの影響で暑くなるので、窓がある場合はレースや白いカーテンを使って、さわやかな空間を演出しましょう。風通しをよくすることもポイントです。

## 東南

窓があれば吉。日当たりもよく、明るい階段になりますが、階段にはもったいない方位。東南はよい香りを好むので、芳香剤を置いてもよいでしょう。

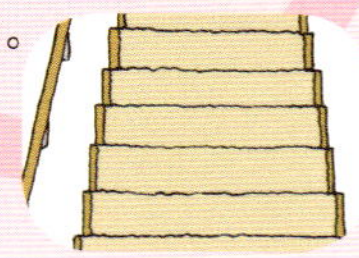

# 子ども部屋

子ども部屋は性別や年齢によって、適した部屋の方位が異なります。相性の悪い方位はありませんが、方位ごとの特徴を知ったうえで、その子に適した間取りを決めてもよいでしょう。

## 北西

男の子の部屋としておすすめ。北西は本来主人がいるべき方位なので、この部屋を使う子どもにはリーダーシップの素質がつきます。日当たりが悪いので幼い子には不向きですが、中学生以上になれば問題ありません。勉強机には明るめのスタンドライトを置いて。

## 北

静かで集中できる方位なので、勉強するのに最適。受験生にはおすすめです。よく眠れるので疲れもとれ、寝室としてもよい方位。

## 東北

跡継ぎの部屋としておすすめの方位。落ち着いて勉強できる部屋ですが、暗くて寒いので、冬場はあたたかくしましょう。

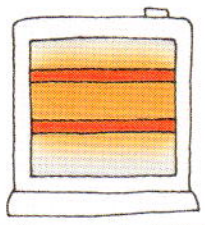

## 西

西は喜びを表す方位なので、笑顔の絶えない明るい子に育ちます。ただし汚くしていると、お金の使い方までだらしなくなることも。インテリアは寒色系がよいでしょう。照明は白熱灯より蛍光灯がおすすめです。

## 中央

中央は本来、主人がいるべき方位。家族の目が気になって、自分らしさを発揮できなくなることも。運気の好不調が安定しにくくなります。

## 東

男の子、とくに長男の部屋としておすすめ。朝日のパワーを吸収して、明るく活発に。誰からも好かれる人柄に育つでしょう。

## 南西

南西にはおだやかな気が流れているので、積極性に欠けやすい子に育つ傾向が。どちらかというと女の子向きの部屋です。

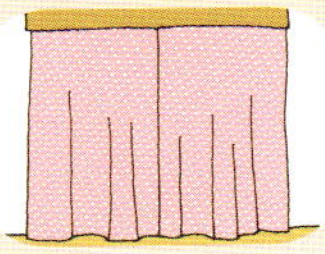

## 南

明るく過ごしやすい部屋で、男女ともに最適です。スポーツや芸術分野の才能運がアップします。勉強は少々おろそかになりがち。

## 東南

女の子の部屋としておすすめ。対人関係に恵まれ、人気者になれるでしょう。換気をまめにすることを心がけて。

# 収納スペース

収納スペースはどの方位にあっても、
中を整理整頓しておくことが開運の基本。
収納する物との相性によっては、運気アップも期待できます。

## 北西

主人の物を保管する方位としておすすめです。主人のスーツや仕事道具を収納すると、仕事運がアップします。先祖代々の品や、仏具を収納する場所としてもよいでしょう。倉庫や物置も、家の中心から見て北西に配置するとよいといわれています。

## 北

涼しい場所なので、食品を保管する場所として最適な方位。ただし、賞味期限が過ぎたものなどをいつまでも置いておくのはやめましょう。北は貯蓄のパワーを持っているので、お金に関係するものの保管場所にもおすすめ。預金通帳やへそくりを収納しておくと金運アップも。

## 東北

鬼門の収納スペースは吉。鬼門は窓などがなく壁で封鎖されているほうがよいとされているので、最適な方位です。

## 西

西に収納スペースがあると、西の窓が封鎖されるので、強い西日を遮ることができます。お金に関係する物や、キラキラのジュエリーなど、金運をアップさせるアイテムを収納しておく場所としてもおすすめ。

## 中央

人が集まるべき方位なので、収納には不向き。湿気や汚れをとても嫌うので、整理整頓を心がけましょう。除湿剤は必ず置いて。

## 東

とくに問題はありませんが、朝日のパワーがもらえる方位なので、収納スペースにするのはもったいないでしょう。

## 南西

裏鬼門は収納におすすめの方位。主婦の方位なので、主婦の運気が安定し、家庭もおだやかに。ただし、乱雑な収納はＮＧ。

## 南

本来、窓があるべき方位なので、大きな収納スペースがあるのはよくありません。日当たり、風通しが悪くなり、とくに仕事運に影響します。

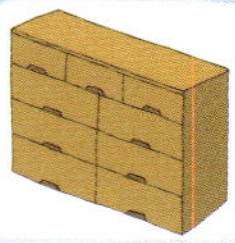

## 東南

大きな収納スペースがあると、日当たりのよい場所を壁にしてしまうことに。スーツケースなど、旅行用品をしまう方位としておすすめです。

# 書斎

**書斎は、主人の仕事運を左右します。仕事をするなら、静かで集中できる北側がおすすめです。やる気が出ない方位の場合は、インテリアを工夫しましょう。**

## 北西

主人の方位であり、最適な方位。才能が開花し、仕事運もアップ。出世も期待できます。重厚感のあるインテリアでまとめると吉。

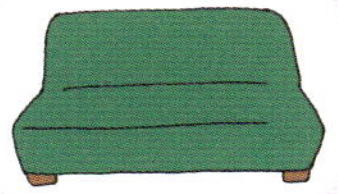

## 北

書斎には最適。落ち着いて仕事できます。居心地が良いからといって、こもりっきりになるのはNG。家族から孤立しない程度に。

## 東北

静かで集中できるので、読書や考え事をするには向いています。冬は寒くなるのであたたかくして。

## 西

明るく社交的になります。ただし窓が大きいと仕事へのやる気を失い、遊び好きになりそう。机やファブリックは重厚な雰囲気なものでそろえて、落ち着ける部屋づくりをするとよいでしょう。また、シャンデリアや光沢のある筆記具も吉。

## 中央

中央は一家の大黒柱がいるべき方位。主人の部屋として適しています。主人の運気が安定することで、家庭も安定します。

## 東

活気にあふれ、やる気がわいてきます。趣味で音楽を楽しむ部屋としてもおすすめです。

## 南西

主婦の方位なので、主人の居場所としては不向き。強さや忍耐力が失われ、小さなことにくよくよしやすい性格になりがちです。また口うるさくなる可能性も。畳との相性がよいので、和室にするとよいでしょう。

## 南

ひらめきがアップする方位なので、クリエイティブなど、アイデアや想像力を必要とする職業の人にはおすすめです。

## 東南

人間関係運をアップさせる方位なので、チームワークを大切にする職業の人にはおすすめです。信頼度もアップ。ただし、交際費がかさみやすくなる傾向も。インテリアは自然素材が吉。机は木製を選ぶとよいでしょう。

> 2階建て

# ファミリーライフスタイル

2階建てで、1階が車庫になっている家の間取り例を紹介します。
3階建ての場合でも、吉凶の見方は同じです。

## 願いごとをかなえる間取りⅥ

# 家庭運を上げたい！

**1階**

インナーガレージには、観葉植物や盛り塩を置きましょう。

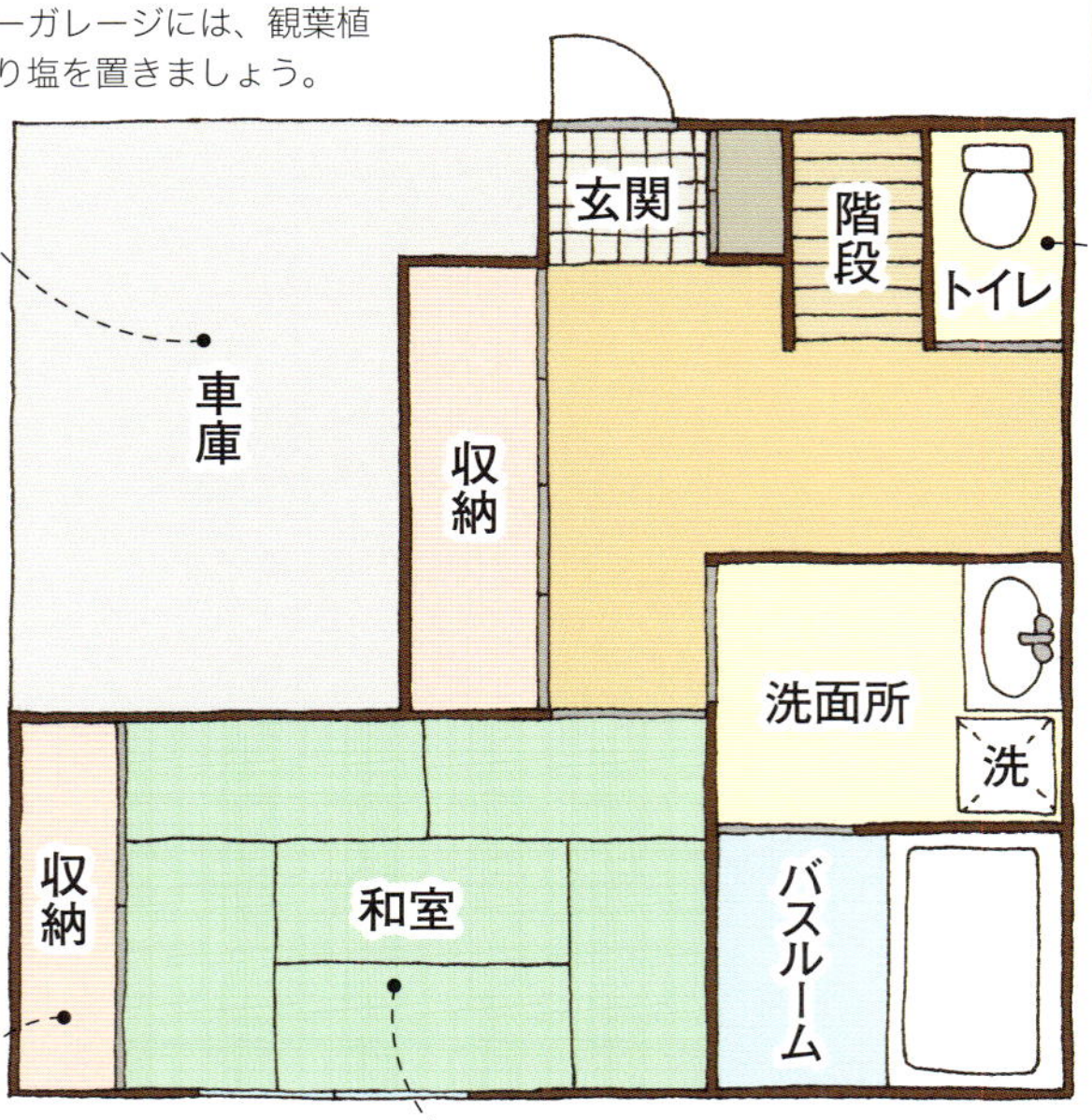


**東北のトイレ**

鬼門のトイレは徹底的に清潔に。窓がなければ換気扇を長めにまわしましょう。

**○南西の収納スペース**

裏鬼門は収納などで壁になっていると吉。主婦の方位なので主婦の運気がアップ。

**○南西の和室**

南西は土の気をもち、和室との相性は○。畳のエネルギーは家庭円満を導きます。年配者の部屋に。

## 階段や吹き抜けは中央にあると凶

間取りの吉凶の見方は、2階建てであってもワンフロアであっても基本的に同じです。2階建ての家が、ワンフロアの家と異なるところは、階段があるということ。

2階建ての家は、階段の位置が重要です。階段は東にあるのが理想的ですが、中央以外なら問題ありません。中央にあると、家庭運以外のすべての運気が安定しにくくなります。玄関の正面に階段があるのも、入ってきた気が1階をまわらずに2階に抜けてしまうので、よくないとされています。吹き抜けやらせん階段も、運気が安定しない原因になります。

## 家族構成に合わせてふさわしい方位を

家庭運がよくなるには、住む人それぞれの部屋がふさわしい方位であることも大切。年配者の部屋は1階がよいでしょう。地面の近くは安定の気をもつので、心おだやかに過ごせます。主人の書斎も、落ち着いて過ごせる1階が適しています。

東は男の子、東南は女の子の部屋にするなど、それぞれに合った方位の部屋にすれば、家庭運も自然とアップしていくでしょう。

# 2階

車庫の上の部屋は凶作用が強いので、観葉植物などを置きましょう。

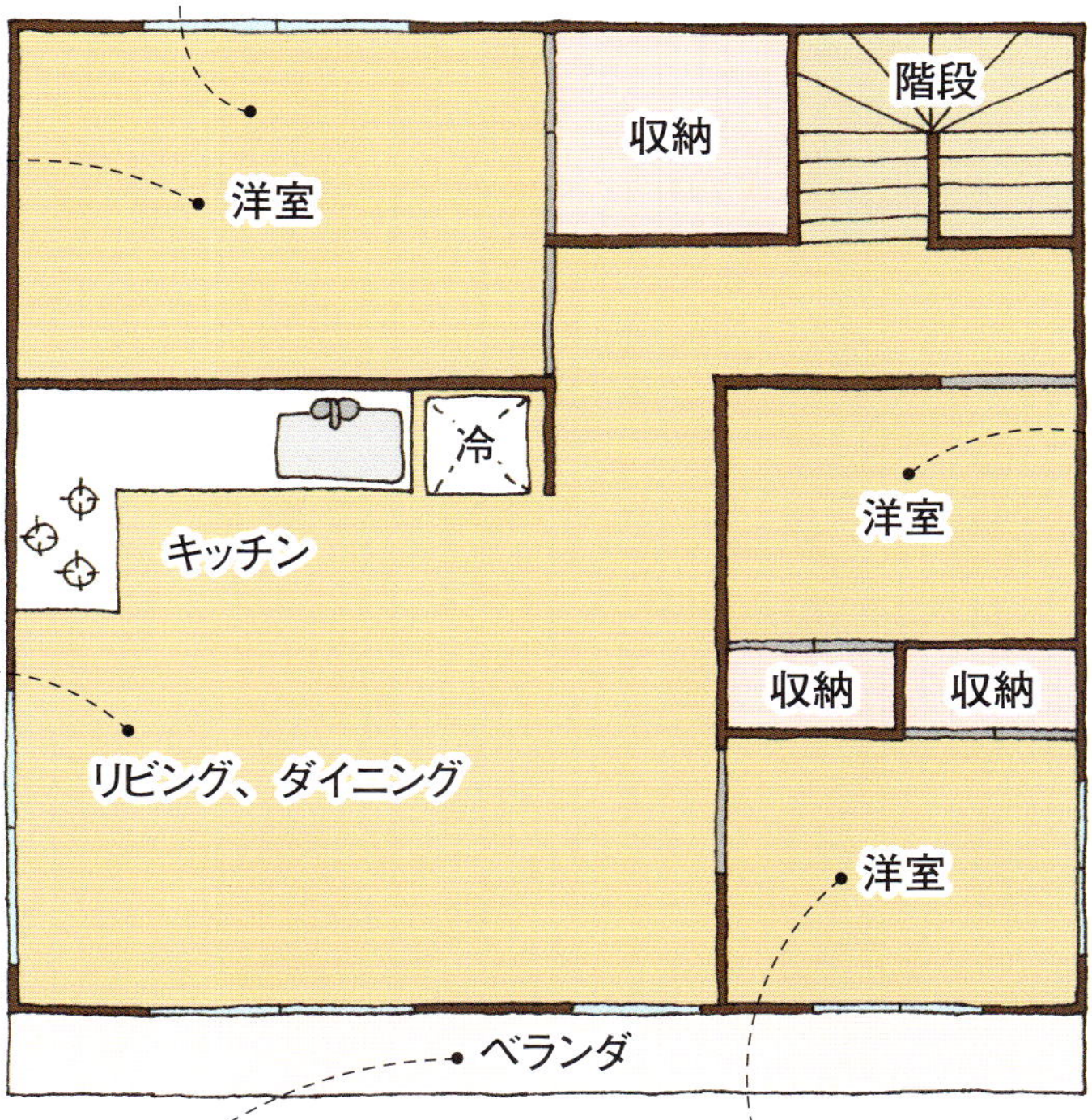


## ○北西の洋室

北西は主人の方位。主人が使うと運気が上がり、家庭運もアップ。

本来リビングは1階にあった方がよいですが、植物を置いたりインテリアを工夫したりして運気を補えばOK。

## ○東の洋室

発展の気をもつ東は、若い人におすすめ。とくに男の子が使うと吉。

## ○南のベランダ

南の大きな窓からは、自分らしさを発揮できるよい気が入ってきます。ベランダでのガーデニングがおすすめ。

## ○東南の洋室

女の子が使うとよいでしょう。よい家庭を築く結婚に結びつく、良縁を呼びます。

## さらに家庭運アップできる風水テク

パワーストーンで

### リビングにクリスタルクォーツを置く

別名「水晶」とよばれるクリスタルクォーツは、万能なパワーをもつ石とされています。悪い気の浄化や厄除けの作用が強いので、リビングに置いておけば、家族全員の運気アップにつながります。

### 南西にベルや鈴を置く

ベルや鈴など、鐘の音のするものは、厄除けの作用をもたらします。南西は家庭を安定させる気をもつ方位。家庭内で不運なことがあったり、けんかをしたりしたときは、時々チリンと鳴らしてみてもよいでしょう。

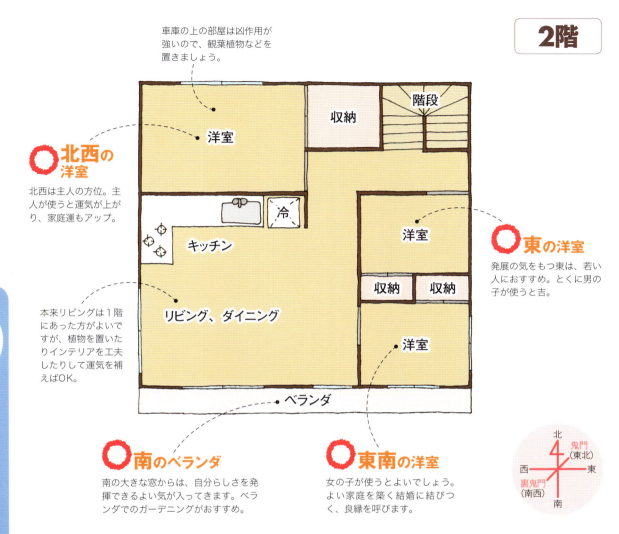

ラッキー風水コラム

# オフィスでできる開運風水

仕事をしている人なら、一日のうち、会社にいる時間の方が長いという人も多いはず。オフィスにも風水を積極的に取り入れて、仕事運アップにつなげましょう。

カレンダーは月ごとに忘れずにめくると気の流れがスムーズに。
4月
社長は主人の方位である、北西の席が吉。
6
使い捨てカップはNG。自分専用のマグカップを使って。
2
上司は部下全員を見渡せる席がおすすめ。
1
いってきまーす
4
3
大切な日は赤か紫のネクタイで勝負運アップ。
5

## 1 電話をきれいにする

電話は仕事でのコミュニケーションに欠かせないツール。その電話が汚れていては、相手との関係もうまくいかず、よい情報も届きにくくなります。毎朝さっとひと拭きするだけでも運気はぐんとアップ。

## 2 名刺の整理をする

もらった名刺は、専用のファイルなどに入れて整理しておくと吉。「名刺＝相手そのもの」と考えて大切に扱いましょう。そうすることで人脈にも恵まれ、仕事のチャンスを逃さない仕事運がつきます。

## 3 パソコンのデスクトップを整理する

デスクトップがアイコンやファイルだらけになっていては、見えづらいうえ、仕事の効率も下がります。デスクトップも整理整頓が大切。よい気は、ゆとりあるスペースに集まってくるものです。

## 4 机の上をすっきりさせる

机の上に余計なものを置かず、すっきりした状態にしておけば、気持ちも散漫にならず仕事に集中できます。また、整理ができない人は、まわりから信頼も失う傾向が。まずはいらないものから処分して。

## 5 通勤かばんの中身を整理する

かばんの中には、その日に必要なものだけを入れましょう。古い書類やゴミなどが入っていると、よい気が取り込めず、仕事運がダウン。中身はつめ込み過ぎず、ゆとりをもつと金運もアップ。

## 6 上質なステーショナリーを使う

持ち物はその人の品格を表します。上質なスケジュール手帳や高級な筆記用具を使うことで、自分自身の格が上がり、同等の仕事が引き寄せられます。手帳は革製、筆記用具はメタリック使いがおすすめ。

# 5章

# 幸せになる家づくり

幸運を招く家は、よい土地選びから。

風水パワーを生かした、理想の家づくりを始めましょう。

# よい土地を選ぼう

家の住み心地や住む人の運を左右する土地は、あとで後悔しないよう、きちんと考えて選んでおきたいもの。幸運を呼び込む土地の選び方を知っておきましょう。

## よい気が流れている土地を選ぶ

家を建てるときにもっとも大切なのは、土地を選ぶこと。大地が発する気は、住む人に大きな影響を与えるので、よい気が流れている場所がよい土地とされています。具体的には、日当りがよく、地盤が安定していることなどがよい土地の条件。また道路との接し方、敷地の形、川や山などによっても、気の流れが左右されます。自分がそこに立ってみて、活気を感じたり落ち着いたりするのも、よい気が流れている証拠です。

とはいえ、理想の土地を入手するのは、実際には奇跡に近いこと。相続した土地などは選べません。そんな場合、多少の問題があっても、きちんと対処して住みやすい土地にすることが大切。その方法を教えてくれるのが風水です。

### 吉 東南の角地

日当りがよいことは、よい土地の第一条件です。東と南が開けている角地なら、隣接した建物で日当りをさえぎられることはありません。太陽光をたくさん取り込めるということは、家があたたかく明るくなるということ。家が明るくなれば、住む人は精神的にもリラックスして、おだやかに過ごすことができるので、理想的な土地といえます。

### 吉 南側が開けた土地

南側に遮るものがなければ、日当りがよく、あたたかい家になります。広い土地であれば、南側に余裕をもって家を建てるとよいでしょう。また土地が狭くても、南側が道路に面していれば、開けた場所が確保できて日当りはよくなります。南側が低くなっている土地も、日当りがよくなるのでよい土地といえます。

## 吉 四角い形の土地

四角い形は、人にとって安定感のある形だといわれています。ですから、はりやかけ（→108ページ参照）のない四角い土地が理想的。東西に長い長方形の土地は、南が開けて日当りがよくなるので、ベストです。
複雑な形の土地は、かけのある方位によっては凶相となるので、避けたほうがよいでしょう。

## 凶 高い山・川に近い土地

高い山の陰になる土地や川に近く低い土地は、水はけが悪くて湿気がたまりやすいので、よい土地とはいえません。川の近くの土地は、崖崩れや川の氾濫などの災害の危険性も。

**解決策**

頑丈な盛り土をして、建物の床を高くすると、湿気の影響を受けにくくなり、吉相に変えることができます。

## 吉 カーブした道路の内側の土地

道路がカーブしているところの内側の土地は、風当たりから守られるので、お金もたまりやすく吉相になるといわれています。
カーブの内側と同じように、L字道路の内側もよい土地とされています。実際、どちらも道路から車が飛び込んでくる心配が少なくて、安全面でも安心な土地です。

## 凶 周りよりも低い土地

周りよりも低い土地は、水がたまりやすくなります。大雨のときなどには、浸水するおそれも。湿気もたまりやすく、気がよどむので、あまりよくない土地です。

**解決策**

湿気がたまりやすい床下の換気をこまめにして、気がよどまないよう、心がけましょう。

凶

## カーブした道路の外側の土地

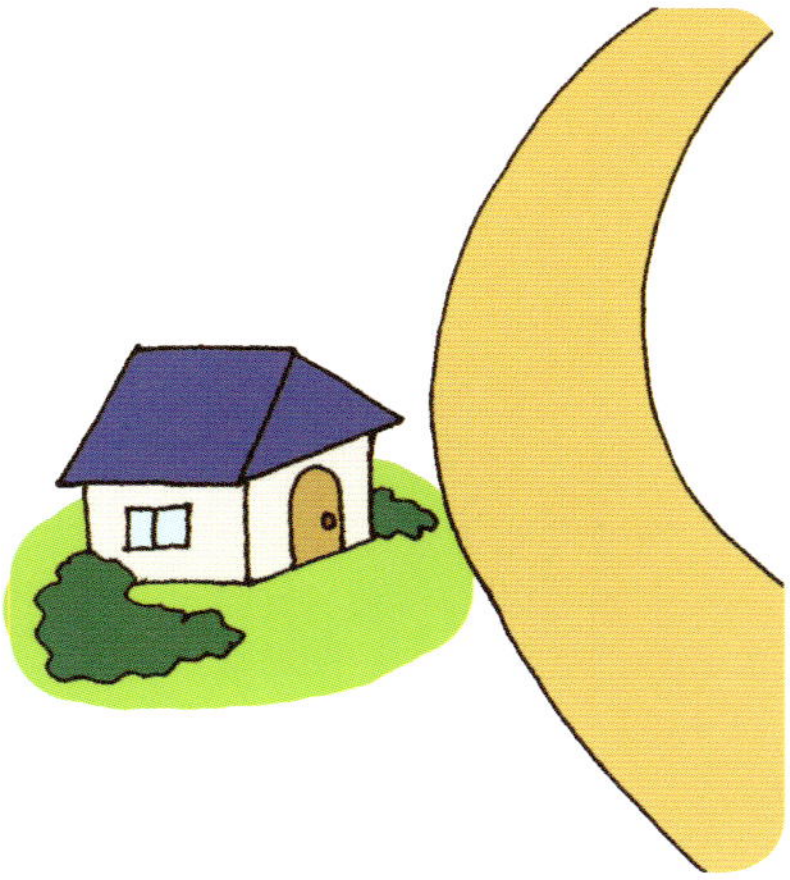

カーブした道路の外側の土地は、道路の殺気を受けやすいため、あまりよい土地ではありません。事故や火災など、さまざまなトラブルに巻き込まれる可能性が高くなります。

**解決策**

玄関を道路に面していない位置にします。敷地が広いなら、家屋を道路から引っ込めて建てましょう。

凶

## 三角形の土地

変形した土地はどれもあまりよくないのですが、三角形はもっとも凶相。三角形の土地に三角形に家を建てると耐震性も弱く、間取りとしても住みにくい家になります。

**解決策**

敷地いっぱいに建てず、角の土地は空けて塀をつくり、土地を四角い形にして使いましょう。

凶

## 神社・寺・墓地に近い土地

神社や寺、墓地が近くにある土地は、霊気や殺気などが漂い、宅地に適さないといわれます。近くで暮らすことで気が滅入るようなら避けて。

**解決策**

寺などの方角に玄関や窓を設けない間取りにします。大切な建物を建てた場所のそばだから、よい土地だと考えるのもよいかもしれません。

凶

## T字路の突き当たりの土地

T字路の突き当たりの土地は、交通事故が起こりやすいので要注意。けがや病気などにもかかりやすいといわれています。

**解決策**

敷地に余裕があれば、建物が突き当たりにならないよう、横にずらして建てます。無理なら、玄関だけでも突き当たりの正面にならないようにします。

# 理想の家を建てよう

土地を選んだら、次はいよいよ家を建てます。ここでは風水的に理想的な家のポイントを紹介します。家族みんなが幸せに暮らせる家づくりに、役立てて下さい。

## 重要な場所の吉相を最優先に考える

土地選びの次は、家づくりです。趣味や家族構成によって、理想の家は人それぞれ。でも毎日を快適に過ごし、家族が幸せに暮らすことを願うのはみんな同じです。そのためには、できるだけ吉相の家を建てたいものです。

とはいっても、方位の吉凶にばかり目を向けていては、なかなか家づくりが進みません。現実には、すべての部屋が吉相になるような理想の家をつくることは難しいのです。そこで大切なのは、家の重要な場所の吉相を最優先に考えること。たとえば、気の出入り口である門と玄関など、重要な場所だけは吉相になるようにするというのも一つの考え方です。

さらに、間取りの方位だけでなく、風水では欠かせない、家づくりの重要なポイントがあります。ポイントをおさえたら、吉相の優先順位を決めて間取りを考え、あなたの希望と現実をすり合わせて、方位と上手に折り合った家づくりを心がけましょう。

### 理想の家のポイント

**Point 1**

**敷地いっぱいに建てない**

とくに土地が狭いと、敷地いっぱいに家を建てたくなりますが、住む人の成長の余地を残すように、土地にも余裕が必要。

**Point 2**

**窓の外の景色も考える**

窓の外がよい景色なら理想的。隣の建物の角が窓のすぐ近くにあったり、電柱や電線がすぐそばにあったりするのは考えもの。

**Point 3**

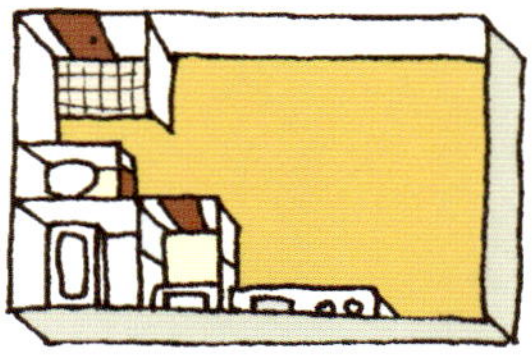

**はりやかけはつくらない**

土地と同様に、安定感のある四角い形が理想的です。はりやかけ（→108ページ参照）のある形やL字形などは避けて。

**Point 4**

**風通しがよい**

風水では気の流れが一番大切。気がよどまずに流れるように、窓の配置に気をつけて、家づくりを考えます。

理想の家

# 屋根の形

できるだけシンプルな形状が吉。

## ベストは切妻屋根

風水では、屋根の形にも吉凶があります。土地の形や家屋の形と同じように、複雑な形の屋根はよくないとされています。一番よいのは、シンプルなデザインで建物をしっかりと守る屋根。それに合うのは、一般的な木造建築に使われる切妻《きりづま》屋根です。日本古来の建築に多い入母屋《いりもや》屋根などを含む寄せ棟型の屋根もバランスのとれたよい屋根です。

また、その土地の気候や風土に合わせた形であることも大切な条件。雪の降る地方では、屋根からの雪が自然に安全な方向に落ちやすい形になっているのも、そのためです。

### 屋根の形の吉凶

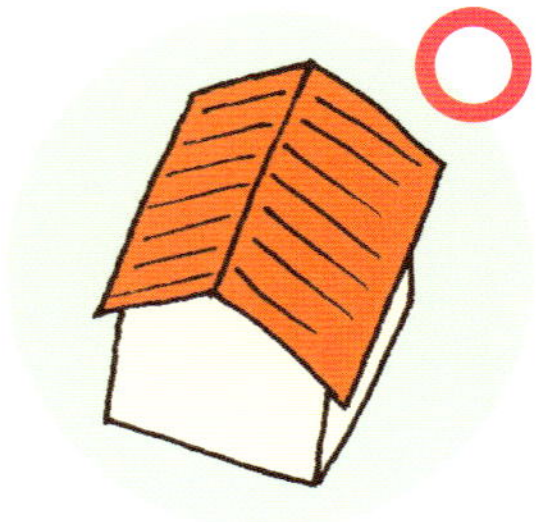

○

**切妻屋根**

一般的な木造建築に多く用いられている形。左右の屋根の長さや面積が同じで、バランスがよく、もっともよい形状です。

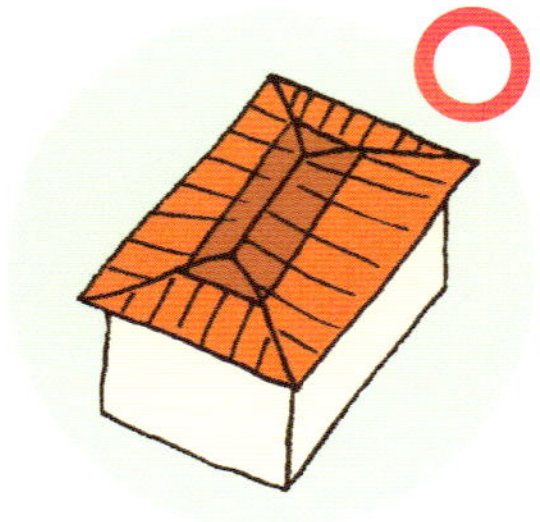

○

**入母屋屋根**

寄せ棟屋根と切妻屋根を合わせたような形。寄せ棟屋根と同様に、バランスのとれたよい屋根とされています。

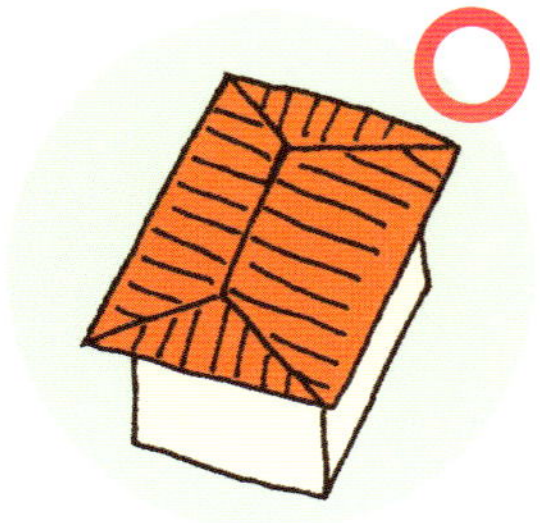

○

**寄せ棟屋根**

屋根の面が四つある形。入母屋屋根もこれに含まれます。四方向に流れる屋根のバランスがとれていてよいとされています。

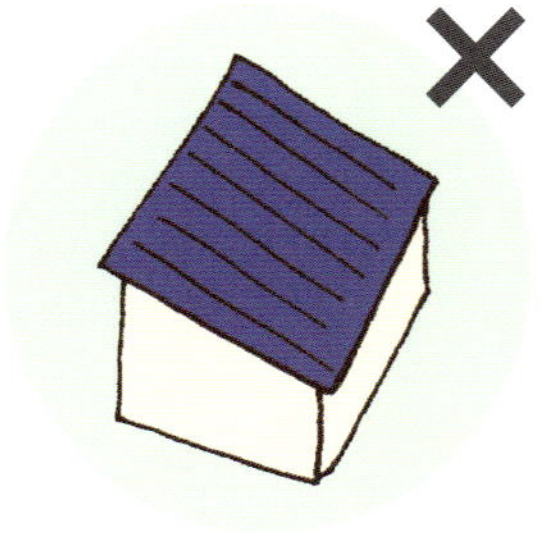

×

**片流れ屋根**

屋根の面が一方に傾斜している形。屋根の流れる方向によって吉凶が異なり、住人の思考などが偏りがちに。とくに、北に低く流れる形は凶相。

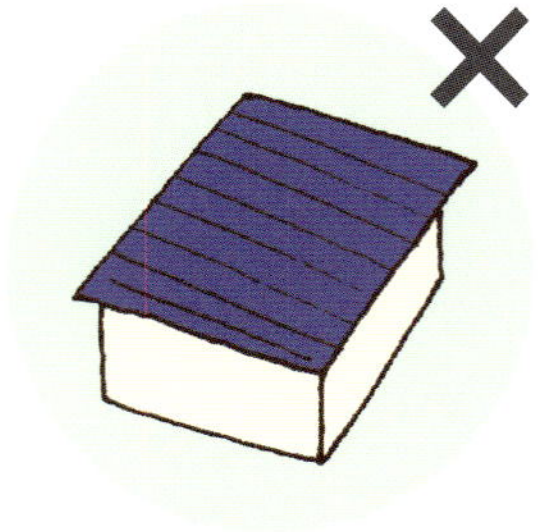

×

**陸屋根**

屋根の面がほぼ平らな形。水がたまりやすく、そのため雨漏りなどのトラブルを起こしやすいので、避けたほうがよいとされています。

理想の家

# 門と塀のつくり方

門は玄関と一直線にはせず、塀は生け垣が吉。

## 門と玄関は一直線にはしない

門は、すべての気が家に入ってくる入り口です。家の間取りよりも、門の方位を吉方にすることを、優先させましょう。門の方向さえおさえておけば、幸せな家づくりはとりあえずOK。門の方位は、東南、東、南なら、家庭運が安定するとされています。

また、門は玄関との位置関係に注意して設置します。風水では、門と玄関が一直線になることを嫌います。門から入る気が直接、玄関に当たってしまうからです。一直線にしないことで、気の勢いを和らげて取り入れることができます。防犯上も、玄関と門が一直線だと、門の外から家の中が丸見えになってしまい、よいとはいえません。

門の位置を決めたら、そこから左右に少しずらした位置に玄関を設け、門から玄関までの動線がゆるやかなカーブを描くようにするのが理想的。たとえば、門を東に設置したのなら、玄関は東南か南にするというようにします。どうしても門と玄関が一直線になってしまう場合には、玄関前にフェンスなどを設け、門から玄関が見えないようにしましょう。

## 塀は採光や風通しをよくする

塀は、敷地の区切りを示すためのもの。なくてもよいものと思われがちですが、塀がない家は、風水的にはよくないと考えられています。ただし、塀を設けることで、家が日陰になってしまってはよくありません。日当たりを考慮して、塀はあまり高くしないことが基本です。また、気が流れやすいように風通しを確保することも大切。塀が高いと「気」の流れが悪くなるだけでなく、住む人にも常に圧迫感を与えてしまいます。これでは快適な生活は望めません。

塀と家との距離も、あまり近くしないこと。家を建てる位置は「塀の高さ＝塀と家の距離」が理想的だとされています。

素材としては、日が差して風通しもよい、生け垣が一番適しています。コンクリートの塀なら、ところどころに通気用の窓を開けて、採光や風通しに配慮するようにするとよいでしょう。

理想の家

# 玄関の配置

外交的なパワーが得られる東南が吉。

## 玄関の位置は東南が理想的

門が敷地の出入り口なら、玄関は家の出入り口。人が出入りするだけでなく、気も家に入ってくる場所です。

玄関の方位は、東南がもっとも理想的といわれています。東南の玄関からは、勢いのある東のパワーと、明るい南のパワーを合わせた、社交的な気を呼び込むことができるからです。

逆に、鬼門、裏鬼門である、東北と南西はどちらも玄関には不向き。凶の気が強く、家全体の運気に影響します。東北と南西に玄関がある場合は、盛り塩や観葉植物を置いて、凶作用を緩和させましょう。

また、玄関は財運の出入り口とされているので、金運に大きな影響を及ぼします。靴を出しっ放しにせず靴箱にしまうなど、きちんと整理して、入ってきた気の流れを遮らせないようにすることが大切です。

## 玄関のNG間取り

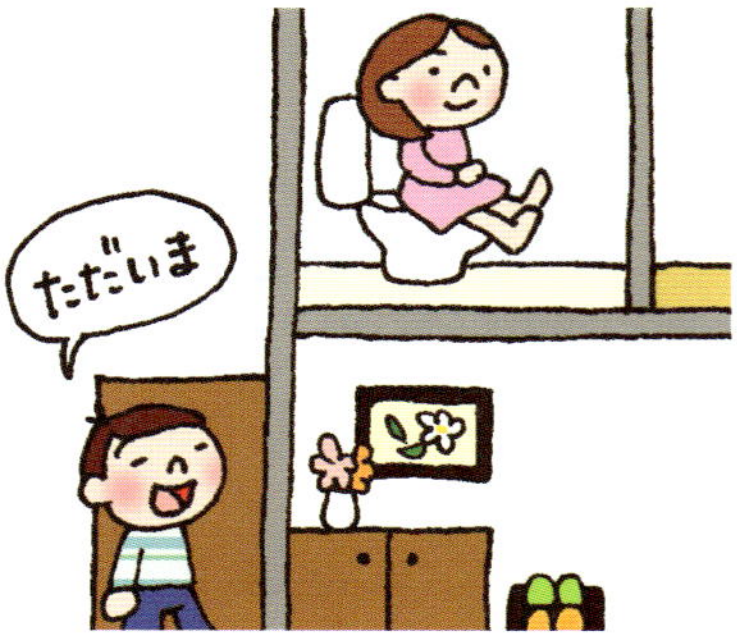


### 玄関の上がトイレ

トイレは悪い気の流れる場所。玄関の上にあると、玄関が悪い気で押さえつけられ、入ってきた気もけがされてしまいます。

### 玄関のそばに窓がある

玄関は気の出入り口。せっかく呼び込んだよい気も、窓が近くにあると、家に流れこまずに、窓から抜けていってしまいます。

### 玄関から階段の上がり口が見える

玄関に入るとすぐに階段がある間取りにするのはNG。玄関から入ってきた気が１階にまわらずに、２階へ流れてしまいます。

理想の家

# 窓・ベランダのつけ方

窓は方位によって大きさを変え、ベランダは東南がベスト。

## 窓は方位によって大きさを変える

玄関だけでなく、窓も気の出入り口になります。よい気を取り込めるように、方位によって大きさを変えて配置します。

明るいイメージの気をもつ東、東南、南の窓を大きくするとよいでしょう。逆に、静かなイメージの気をもつ北西、北、東北や、西日が強い西、南西の窓はなるべく小さく。とくに、東北と南西は悪い気が入るのを避けるため、窓がないのが理想です。

ただ、いくらよい気を取り込みたいからといって、大きな窓をたくさん設けると、家の耐震性が弱くなる可能性も。バランスを考えて、大きさを決めましょう。

## 東、南、東南のベランダが吉

窓とセットで設置されるベランダは、大きな窓と同様に東、東南、南に配置するとよいでしょう。洗濯物を干す場所として利用することもあるので、日当りがよい方位だと実用的です。

ベランダの窓は大きいため、入ってくる気も大きくなります。東からは発展や上昇の気、南からは自分のよさが出る気、東南からは東と南を合わせた気が入ってくるので、この方位にベランダを設置すると、恋愛運や健康運、仕事運、人間関係運など、いろいろな運気アップが期待できます。

### ベランダのNG方位

北　東北

日が当たらないため、寒くて暗い方位。雨の後も壁の水分がかわきにくいため、家が傷みやすくなります。水はけをよくする配慮が必要です。

西　南西

西と南西は、西日が当たり、夏場は室内の気温が上昇して不快な状態になります。照り返しを防ぐため、ベランダに植物を置くなどの工夫を。

理想の家

# 水まわりの配置

東北、南、中央は避けて

## トイレに吉方はなし

トイレは、なくてはならない大切な場所ですが、9方位のどこにも吉方がありません。だからといって、トイレを設置しないわけにはいかないので、なるべく難のない場所に配置しましょう。東北と南西のトイレは鬼門・裏鬼門(→107ページ参照)なのでとくに凶。家全体の運気に影響を与えてしまうので避けたほうがよいでしょう。また、中央も避けたほうがよいとされています。

トイレには気がこもりがちなため、他の部屋よりも悪いほうに転がりやすい場所。換気をこまめにして湿気や悪臭を取り除き、悪い気がこもらないようにしましょう。

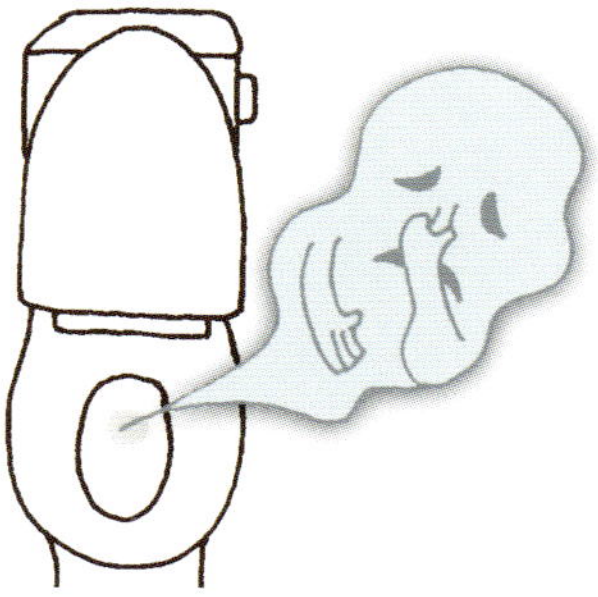

## キッチンは東北、南を避けて

東や東南のキッチンが理想的です。ただし、汚れていては吉方にあっても運気をダウンさせてしまいます。物が多過ぎて整理されていないのもよくありません。

とくに避けたい方位は東北と南。東北は鬼門なので、悪い気が発生しやすく、生ゴミや油汚れなどで汚れたキッチンだと、たちまち悪い気が増大します。また、南は水との相性がとても悪い方位。水をたくさん使用するキッチンは大凶といわれ、その家に住んでいる人のエネルギーが失われてしまいます。

どうしても東北や南にキッチンを配置しなければならない場合は、盛り塩や植物を置きましょう。

## バスルームと洗面所は中央を避けて

バスルームや洗面所は、湿気がこもりがちになるので、カビが発生しやすい場所です。そのため、風通しや日当たりのよさがポイントとなります。

バスルームや洗面所が中央にあると、窓が設置できないので、気がこもりやすくなります。適しているのは、日光が当たる東や東南。乾燥しやすく、水を使う場であっても衛生が保たれる方位です。窓は風通しのために必要ですが、あたたかさを逃がさないよう、小さめに。

とくに健康運や美容運を左右します。いつも清潔に保ち、心地よくすることで、より運気が上がるでしょう。

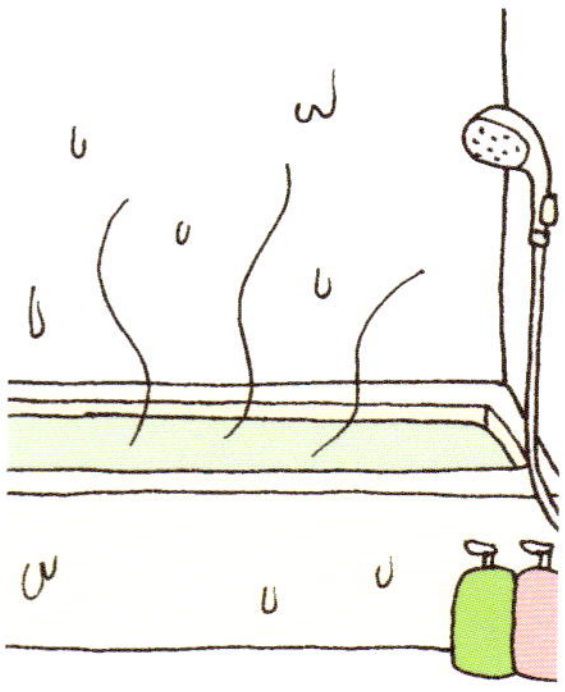

理想の家

# 庭・車庫の設け方

**庭は東、東南、南に。車庫は家から離して**

## 庭は東、東南、南に。庭木は低くする

庭は、家の日当たりを考え合わせると、東、東南、南につくるとよいでしょう。たとえ敷地に余裕がなくても、小さくてもよいので、花だんなどをつくって。土や植物などの自然から、家によい気を取り込めます。

また、水は本来、動く性質のものなので、水をためたままにする池は要注意。ただ、水が動くように循環させたり、魚を泳がせたりすればよいでしょう。

庭木を植えるなら低木に。大きな高い木は、風通しや日当たりが悪くなるため、おすすめできません。東ならサツキやツツジ、クコの木、東南ならアジサイやサツキ、ツツジ、クコの木、南ならムクゲやアジサイなどが適しているといわれています。

## 車庫は家からなるべく離れた位置に

車は、現代の私たちの生活には欠かせないもので、車を収納するための車庫は、どうしても必要になります。

車はさまざまな場所を移動している間に、土地それぞれの気をくっつけて、家にもち帰ってきます。「移動」が目的の車と「定住」が目的の家は相反する性質のものなので、気のバランスを乱す原因にも。車庫は家から離して設置するのが理想です。

## インナーガレージはなるべく避けて

家の1階や地下にインナーガレージをつくるのは避けたいもの。下が空間になっていて土台がない構造は不安定で、風水的によくないとされています。とくに車庫の上の部屋がリビングになっていると、家庭運がダウン。

ただ実際には、都市部などの敷地の狭い家では、インナーガレージにするのは避けられないことも。そんな場合には、車庫に盛り塩や観葉植物を置きましょう。

インナーガレージの場合はすでにマイナスの要素があるわけですから、ほかの間取りをより理想に近づけたり、ふだんの生活で運気アップを心がけたいものです。

## 紫月香帆(しづき　かほ)

幼い頃より占いや家相・風水に親しんで育ち、高校在学中から女優など芸能活動を始める。独学で九星気学を学び、のちに本格的に手相を学ぶ。四柱推命、風水、九星気学、手相・人相などを得意とし、そこにタロットや姓名判断などを取り入れ、豊富な占術の知識を生かした鑑定をする。的中率の高さとわかりやすく具体的なアドバイスには定評があり、さらに四柱推命と風水をベースにした独自の『宿命カラー風水』、『十干風水』、『五感風水』を確立し、開運セラピストとしてテレビや雑誌、携帯コンテンツなど幅広く活躍中。『やってはいけない風水』(河出書房新社)、『「朝だけ!」風水』(池田書店)ほか、著書も多数。携帯コンテンツに『真実の恋・四柱推命』『紫月香帆のやってはいけない風水』などがある。

**公式ホームページ**
**http://pc.uranai.jp/shizuki/**

協力会社

●OKUTA LOHAS studio(24-25ページ)
TEL 0120-5959-11／FAX 048-631-1153
http://www.okuta.com

●若原アトリエ(63、111ページ)
TEL 03-3269-4423
http://www.wakahara.com

●STONE MARKET 青山通り店(157ページ)
TEL 03-5485-7737
http://www.stone-m.com


増補改訂版
運が良くなる！
間取りとインテリアのHAPPY風水

2018年10月17日　初版第１刷発行
2023年２月６日　　　第６刷発行

監修　紫月香帆
発行者　澤井聖一
発行所　株式会社エクスナレッジ
〒106-0032　東京都港区六本木7-2-26
編集部TEL:03-3403-6796
FAX:03-3403-0582
info@xknowledge.co.jp
販売部FAX:03-3403-1829

# 開運ポストカード

運気アップにとくに効果があるとされるアイテムを、ポストカードにしました。
写真としてお部屋に飾ってもじゅうぶんに効果があるので、切り取って使ってください。

恋愛運アップに強力なパワーをもつスイートピーやガーベラの花束で、良縁を呼び込みましょう。

「水晶のクラスター」は、あらゆる邪気を払ってくれます。どの運気をアップしたい人にも効果的です。

POST CARD

Stamp

POST CARD

Stamp

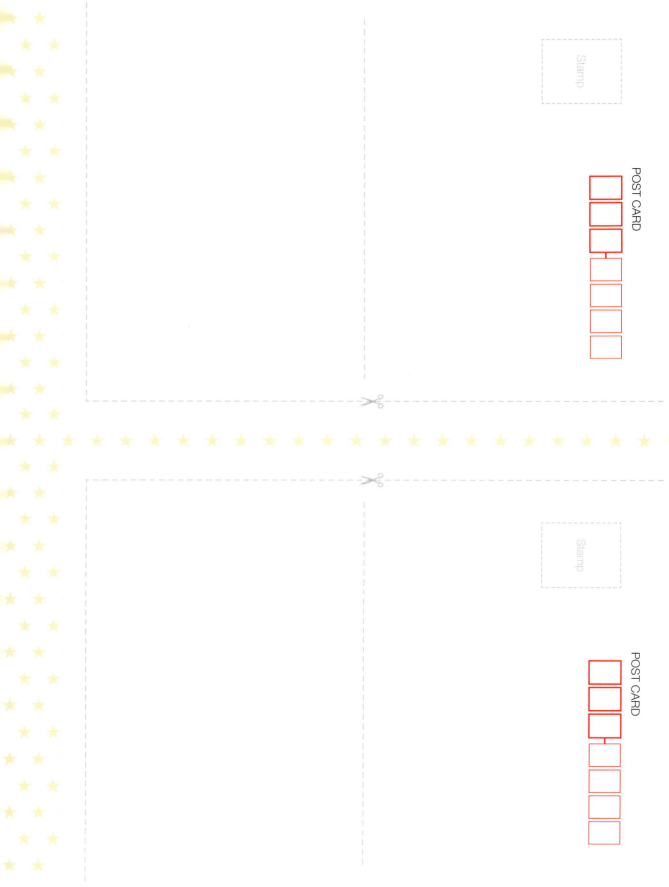

# 開運ポストカード

運気アップにとくに効果があるとされるアイテムを、ポストカードにしました。
写真としてお部屋に飾ってもじゅうぶんに効果があるので、切り取って使ってください。

富士山と太陽（朝日）の写真は、金運アップに効果的です。窓がない部屋なら、窓がわりに貼っておくのもおすすめ。

馬蹄はあらゆる運気を上げるアイテム。U字型の開いた部分に幸運を集め、とどまらせることができるといわれています。

POST CARD

Stamp

POST CARD

Stamp

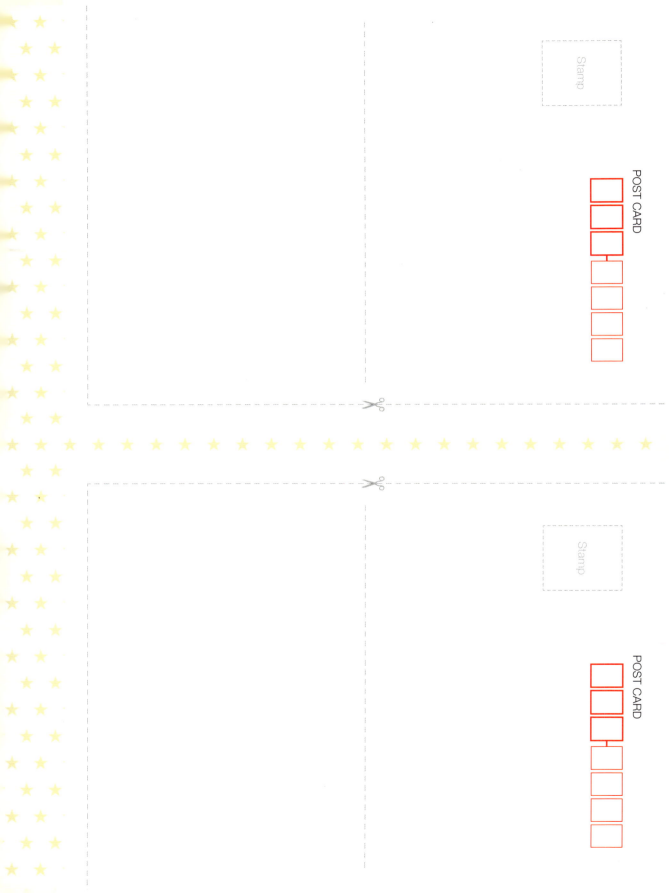